LA SEPTUAGINTA Y NUEVO TESTAMENTO GRIEGO

Un manual para descubrir el significado
del texto bíblico antiguo

Adam Niel Jerry

Tabla de contenido

INTRODUCCIÓN

La Septuaginta y el Nuevo Testamento griego son cruciales para comprender la Biblia y su significado está profundamente arraigado tanto en la historia como en la teología. La Septuaginta, a menudo abreviada como LXX, es una traducción griega de las Escrituras hebreas. Fue traducido en los siglos III y II a. C. por eruditos judíos en Alejandría, Egipto, un centro de aprendizaje y cultura. El Nuevo Testamento griego, escrito en el siglo I d.C., comprende las escrituras cristianas que relatan la vida, las enseñanzas, la muerte y la resurrección de Jesucristo, así como el desarrollo de la iglesia cristiana primitiva.

Comprender la importancia de la Septuaginta comienza con su contexto histórico. Durante la época en que fue traducido, muchos judíos vivían en el mundo helenístico, donde el griego era el idioma dominante. El hebreo, el idioma original de sus escrituras, no se hablaba tan ampliamente. Este cambio de idioma creó la necesidad de que las Escrituras fueran accesibles en griego, la lengua franca de la época. La Septuaginta permitió a los judíos que ya no hablaban hebreo con fluidez leer sus textos sagrados.

La traducción de la Septuaginta también marcó un importante hito cultural y teológico. Fue una de las primeras traducciones importantes de un texto religioso y ayudó a preservar las tradiciones y enseñanzas judías en un nuevo contexto lingüístico. Esta traducción jugó un papel crucial en la difusión de las ideas y leyes judías más allá de la comunidad de habla hebrea. Se convirtió en un recurso vital para los judíos que vivían en el mundo de habla griega y, más tarde, para los cristianos.

El significado de la Septuaginta se extiende hasta el cristianismo primitivo. Los primeros cristianos, muchos de los cuales eran judíos o gentiles de habla griega, se basaban en gran medida en la Septuaginta. Era la versión del Antiguo Testamento que más comúnmente usaban. Cuando los escritores del Nuevo Testamento citaban el Antiguo Testamento, a menudo usaban la Septuaginta. Esta práctica ayudó a unir las escrituras judías con el mensaje cristiano, enfatizando la continuidad y el cumplimiento de las profecías del Antiguo Testamento en la vida y obra de Jesucristo.

El Nuevo Testamento griego, por otra parte, fue compuesto en una época de gran transformación social y religiosa. El Imperio Romano estaba en su apogeo, proporcionando un mundo relativamente estable y conectado donde las ideas y los textos podían viajar más libremente que antes. Los textos del Nuevo Testamento fueron escritos por varios autores, incluidos apóstoles y líderes cristianos primitivos, en respuesta a la vida y las enseñanzas de Jesucristo y las experiencias de las primeras comunidades cristianas.

La composición del Nuevo Testamento en griego fue particularmente significativa. El griego era el idioma común del Mediterráneo oriental, lo que hacía que el mensaje cristiano fuera más accesible a un público más amplio. Esta accesibilidad fue crucial para la rápida expansión del cristianismo. El Nuevo Testamento griego transmitía conceptos teológicos complejos en un idioma que muchas personas en todo el Imperio Romano podían entender.

Los períodos históricos durante los cuales se escribieron estos textos estuvieron marcados por acontecimientos importantes que influyeron en su creación. La traducción de la Septuaginta se produjo durante el período helenístico, tras las conquistas de Alejandro Magno. La expansión de su imperio facilitó los intercambios culturales y el uso generalizado del griego. Alejandría, la ciudad donde se tradujo la Septuaginta, era un importante centro de aprendizaje y hogar de una de las comunidades judías más grandes fuera de Israel. El clima intelectual de Alejandría, con su famosa biblioteca y sus actividades académicas, proporcionó un entorno propicio para un esfuerzo de traducción tan monumental.

En contraste, el Nuevo Testamento fue escrito durante el dominio del Imperio Romano. La Pax Romana, un período de relativa paz y estabilidad en todo el Imperio Romano, permitió viajes y comunicaciones más seguros. Esto facilitó la expansión del cristianismo desde sus orígenes en Judea al mundo grecorromano en general. Los acontecimientos clave durante este período incluyeron el ministerio de Jesús, la difusión de sus enseñanzas por parte de sus apóstoles y el crecimiento de la iglesia primitiva en medio del apoyo y la persecución de las autoridades romanas.

Teológicamente, tanto la Septuaginta como el Nuevo Testamento griego son fundamentales. La Septuaginta proporciona una idea de cómo se entendían e interpretaban las escrituras judías en los siglos antes de Cristo. Incluye libros y pasajes que ofrecen un contexto valioso para comprender el entorno religioso y cultural del cristianismo primitivo. Por ejemplo, libros como La Sabiduría de Salomón y los Macabeos, incluidos en la Septuaginta pero no en la Biblia hebrea, arrojan luz sobre el pensamiento y la historia judíos durante el período intertestamentario.

El Nuevo Testamento griego, por otro lado, articula las creencias y enseñanzas fundamentales del cristianismo. Presenta la vida y el ministerio de Jesús, su muerte y resurrección, y las implicaciones de estos acontecimientos para la humanidad. Las epístolas, cartas escritas por apóstoles como Pablo, brindan enseñanzas doctrinales y orientación práctica para vivir la fe cristiana. El Libro del Apocalipsis, una obra profética, ofrece una visión del cumplimiento último del plan de Dios.

La Septuaginta y el Nuevo Testamento griego son indispensables para comprender las dimensiones históricas y teológicas de la Biblia. La Septuaginta cerró la brecha entre las Escrituras hebreas y el mundo de habla griega, mientras que el Nuevo Testamento griego comunicó el mensaje de Jesucristo a una audiencia diversa y en expansión. Juntos, forman un rico tapiz de textos que han dado forma al pensamiento y la práctica religiosos durante milenios, ofreciendo una visión profunda de las tradiciones religiosas que continúan influyendo en el mundo actual. Comprender sus orígenes y significado mejora nuestra apreciación de la profundidad de la Biblia y el impacto duradero de sus enseñanzas.

CAPÍTULO 1

Los orígenes de la Septuaginta

Antecedentes históricos y creación

La Septuaginta es una traducción griega antigua de las Escrituras hebreas, y comprender sus orígenes requiere explorar las circunstancias históricas de su creación. Esta importante traducción tuvo lugar durante el período helenístico, una época marcada por la amplia influencia de la cultura y la lengua griegas debido a las conquistas de Alejandro Magno. Las campañas militares de Alejandro, que comenzaron en 334 a. C., expandieron dramáticamente el mundo griego, llegando hasta Egipto, Persia e incluso partes de la India. Sus conquistas crearon un vasto imperio donde el griego se convirtió en el idioma común, conocido como griego koiné, y la cultura griega, o helenismo, se extendió por todas partes.

Una de las ciudades más notables que surgieron durante este período fue Alejandría en Egipto, fundada por el propio Alejandro en 331 a.C. Alejandría se convirtió rápidamente en un centro de aprendizaje y cultura, y cuenta con la famosa Biblioteca de Alejandría, una de las bibliotecas más grandes e importantes del mundo antiguo. Esta ciudad también fue hogar de una gran comunidad judía, parte de la diáspora judía. La diáspora judía se refiere a la dispersión del pueblo judío fuera de su tierra ancestral de Israel. En la época helenística, muchos judíos vivían en diferentes partes del mundo mediterráneo, incluida Alejandría.

La comunidad judía de Alejandría enfrentó un desafío único. Si bien mantuvieron su identidad religiosa y cultural, muchos habían adoptado el griego como idioma principal, especialmente las generaciones más jóvenes. Este cambio lingüístico creó una necesidad apremiante de que las Escrituras hebreas fueran accesibles en griego para que los judíos pudieran continuar interactuando con sus textos sagrados y preservar sus tradiciones religiosas. Esta necesidad llevó a la creación de la Septuaginta.

Tradicionalmente se dice que la traducción de las Escrituras hebreas al griego comenzó a principios del siglo III a. C., bajo el reinado de Ptolomeo II Filadelfo, el gobernante griego de Egipto. Según la Carta de Aristeas, documento de esa época, Ptolomeo II buscó incluir las escrituras judías en la Biblioteca de Alejandría. Para lograr esto, supuestamente encargó a 72 eruditos judíos de Jerusalén que tradujeran la Torá, los primeros cinco libros de la Biblia hebrea, al griego. Este número, 72, a menudo se redondea a 70, dando a la traducción su nombre, Septuaginta, que significa "setenta" en latín.

Si bien se debate la exactitud histórica de la Carta de Aristeas, la historia destaca la importancia del esfuerzo de traducción. La Septuaginta comenzó con la Torá pero finalmente se expandió para incluir otros libros de la Biblia hebrea. El proceso de traducción probablemente duró varias décadas e involucró a numerosos eruditos que trabajaron para traducir los textos hebreos al griego con precisión. El resultado fue una versión griega completa de las escrituras judías que llegó a ser ampliamente utilizada entre la diáspora judía.

La creación de la Septuaginta fue más que un ejercicio lingüístico; fue un logro cultural y teológico monumental. Permitió a las comunidades judías de todo el mundo helenístico mantener su identidad religiosa en un entorno predominantemente de habla griega. La Septuaginta también facilitó el estudio y la enseñanza de la ley, la historia y la teología judías, asegurando que estos aspectos esenciales de la vida judía fueran preservados y accesibles.

El impacto de la Septuaginta se extendió más allá de la comunidad judía. Desempeñó un papel crucial en la iglesia cristiana primitiva, ya que los cristianos de habla griega lo adoptaron como su versión del Antiguo Testamento. Muchos de los autores del Nuevo Testamento, que escribieron en griego, citaron la Septuaginta al hacer referencia a las escrituras hebreas. Esta práctica ayudó a establecer una continuidad entre las tradiciones judía y cristiana, ya que la Septuaginta proporcionó una base textual común para ambas.

Varios factores contribuyeron a la amplia aceptación y uso de la Septuaginta. Un factor importante fue la calidad de la traducción. Los eruditos judíos que trabajaron en la Septuaginta tenían un gran conocimiento tanto del hebreo como del griego, lo que garantizó que la traducción fuera fiel a los textos originales y al mismo tiempo accesible para los hablantes de griego. Además, el entorno cultural y educativo del mundo helenístico, particularmente en Alejandría, apoyó y valoró tales esfuerzos académicos.

Otro factor fue la estabilidad geográfica y política proporcionada por los reinos helenísticos, que facilitó el movimiento de personas, ideas y textos a través de la región mediterránea. La difusión de la Septuaginta se vio favorecida por las extensas redes comerciales y la interconexión del mundo helenístico. Como resultado, la Septuaginta se convirtió en un recurso vital para las comunidades judías de todo el mundo.

La influencia de la Septuaginta siguió creciendo, incluso cuando el poder político cambió. Cuando el Imperio Romano alcanzó prominencia, el griego siguió siendo el idioma común del Mediterráneo oriental. Esta continuidad lingüística aseguró que la Septuaginta siguiera siendo relevante y ampliamente utilizada. Además, la iglesia cristiana primitiva, que surgió dentro de este contexto grecorromano, encontró en la Septuaginta un recurso invaluable para la enseñanza y la evangelización.

La traducción de la Septuaginta también tuvo profundas implicaciones teológicas. Al traducir las escrituras hebreas al griego, los eruditos judíos no se limitaban a traducir palabras de un idioma a otro; estaban participando en un complejo proceso de interpretación. Algunos términos y conceptos hebreos no tenían equivalentes griegos directos, lo que requería que los traductores eligieran palabras y frases que transmitieran mejor los significados originales. Este proceso interpretativo condujo a veces a variaciones de énfasis y matices, enriqueciendo el panorama teológico.

Por ejemplo, ciertas profecías mesiánicas de la Biblia hebrea adquirieron nuevas dimensiones en la traducción griega, influyendo en las interpretaciones cristianas primitivas de estos textos. La interpretación que hace la Septuaginta de Isaías 7:14, que se refiere a una "virgen" (partenos en griego) dando a luz, es un ejemplo famoso en el que la traducción tuvo un impacto significativo en la teología cristiana, particularmente en la comprensión del nacimiento virginal de Jesús.

La Septuaginta también incluía libros y adiciones que no se encuentran en la Biblia hebrea, conocidos como libros apócrifos o deuterocanónicos. Estos escritos proporcionaron más conocimientos sobre el pensamiento y la historia judíos durante el período intertestamentario; los siglos entre la finalización de la Biblia hebrea y el Nuevo Testamento. Estos textos adicionales, como la Sabiduría de Salomón y los Libros de los Macabeos, ofrecieron perspectivas valiosas sobre la teología, la ética y las luchas judías bajo dominio extranjero.

La creación de la Septuaginta fue una respuesta a las necesidades lingüísticas y culturales de la diáspora judía durante el período helenístico. Fue un esfuerzo de colaboración de eruditos judíos para hacer accesibles sus textos sagrados en el mundo de habla griega. Esta traducción no sólo preservó las tradiciones religiosas judías sino que también facilitó la difusión de estas tradiciones más allá de sus fronteras culturales originales. La Septuaginta jugó un papel crucial en la iglesia cristiana primitiva y continúa siendo un recurso vital para los eruditos bíblicos y las comunidades religiosas de hoy. Sus orígenes son un testimonio de la importancia duradera de hacer que los textos sagrados sean accesibles a audiencias diversas, garantizando que su sabiduría y enseñanzas puedan compartirse y preservarse entre generaciones y culturas.

El proceso de traducción y la recepción temprana

La traducción de la Septuaginta es una historia fascinante de cómo un grupo de eruditos trabajaron juntos para hacer que las Escrituras hebreas fueran accesibles a los judíos de habla griega. Este proyecto de traducción comenzó en el siglo III a. C. en Alejandría, Egipto, una ciudad conocida por su rico entorno cultural e intelectual. Alejandría tenía una gran población judía que había adoptado el griego como idioma principal, lo que les dificultaba leer y comprender las Escrituras hebreas.

El proceso de traducción de las Escrituras hebreas al griego comenzó con la Torá, los primeros cinco libros de la Biblia hebrea. Según la tradición, se seleccionaron 72 eruditos judíos para emprender esta monumental tarea. Estos eruditos conocían bien tanto el hebreo como el griego, lo que garantizaba que pudieran transmitir con precisión los significados de los textos originales. Trabajaron meticulosamente para traducir las palabras hebreas al griego, teniendo mucho cuidado en preservar los matices teológicos y culturales de las Escrituras.

Una historia popular sobre el proceso de traducción es que los 72 eruditos se dividieron en cámaras separadas, cada una de las cuales trabajó de forma independiente en la traducción. Cuando compararon sus traducciones, descubrieron que todas coincidían perfectamente, lo que sugería una guía divina en su trabajo. Si bien esta historia puede ser más una leyenda que un hecho, subraya la importancia y la reverencia con la que se abordó la traducción.

La traducción no fue un simple intercambio palabra por palabra. El hebreo y el griego son idiomas muy diferentes, con gramática, sintaxis y vocabulario únicos. Los eruditos tuvieron que tomar muchas decisiones sobre la mejor manera de transmitir los significados hebreos originales en griego. A veces, tenían que elegir palabras que capturaran la esencia del texto hebreo, incluso si no había un equivalente griego directo. Este proceso requirió una comprensión profunda y una interpretación reflexiva.

La traducción de la Torá fue sólo el comienzo. Con el tiempo, el proyecto de traducción se amplió para incluir otros libros de la Biblia hebrea, como los Profetas y los Escritos. Este esfuerzo integral tomó varias décadas e involucró a muchos académicos. El resultado fue una versión griega completa de las

Escrituras hebreas, que llegó a ser conocida como la Septuaginta, de la palabra latina que significa "setenta", en honor a los 72 traductores.

La recepción inicial de la Septuaginta entre las comunidades judías fue en general positiva. Para los judíos de habla griega, la Septuaginta se convirtió en un recurso esencial para el estudio y la práctica religiosos. Les permitió leer y comprender sus textos sagrados en el idioma que usaban diariamente. La Septuaginta fue leída ampliamente en las sinagogas y utilizada en la educación religiosa, lo que ayudó a preservar las tradiciones y enseñanzas judías entre la diáspora.

Sin embargo, no todos los judíos aceptaron la Septuaginta sin reservas. Algunos judíos de habla hebrea en Israel vieron la traducción griega con sospecha, temiendo que pudiera distorsionar los significados hebreos originales. Estas preocupaciones se debieron en parte a diferencias en las opciones de traducción y a la inclusión de ciertos libros y pasajes que no se encuentran en la Biblia hebrea. A pesar de estas preocupaciones, la Septuaginta obtuvo amplia aceptación y se convirtió en la versión estándar de las Escrituras hebreas para muchos judíos en el mundo helenístico.

La influencia de la Septuaginta se extendió más allá de las comunidades judías. Desempeñó un papel importante en la iglesia cristiana primitiva, que surgió en un entorno predominantemente de habla griega. Los primeros cristianos, muchos de los cuales eran judíos o gentiles de habla griega, utilizaron la Septuaginta como su versión principal del Antiguo Testamento. Los escritores del Nuevo Testamento citaron a menudo el Antiguo Testamento utilizando la Septuaginta, incorporándolo aún más a la tradición cristiana.

Los primeros cristianos consideraron que la Septuaginta era un recurso invaluable por varias razones. En primer lugar, estaba en griego, el idioma común del Mediterráneo oriental, lo que lo hacía accesible a un público amplio. En segundo lugar, la Septuaginta contenía libros y pasajes que resonaban con las enseñanzas cristianas y ayudaban a explicar la vida y la misión de Jesucristo. Por ejemplo, la traducción de la Septuaginta de Isaías 7:14, que se refiere a una "virgen" dando a luz, fue vista como una profecía del nacimiento de Jesús y fue ampliamente citada por los primeros cristianos.

La Septuaginta también ayudó a cerrar la brecha entre las tradiciones judía y cristiana. Al utilizar las mismas escrituras, aunque en griego, los primeros cristianos pudieron demostrar la continuidad entre la Biblia hebrea y el mensaje cristiano. Esta continuidad fue crucial para las primeras apologéticas cristianas, ya que ayudó a establecer la legitimidad del cristianismo dentro del marco de la tradición judía.

A pesar de su uso y aceptación generalizados, la Septuaginta no estuvo exenta de controversia en los primeros círculos cristianos. Algunos líderes de la iglesia debatieron sobre la exactitud de la traducción griega en comparación con los textos hebreos originales. Estos debates a veces llevaron a opiniones diferentes sobre qué versión de las Escrituras debería considerarse autorizada. Sin embargo, la utilidad práctica y la accesibilidad de la Septuaginta aseguraron su uso e importancia continuos en la iglesia primitiva.

Con el tiempo, la Septuaginta también influyó en el desarrollo de otros textos y traducciones cristianos. A medida que el cristianismo se extendió por todo el Imperio Romano y más allá, la Septuaginta sirvió de base para muchas de las primeras traducciones de la Biblia a otros idiomas, como el latín, el copto y el siríaco. Estas traducciones difundieron aún más los textos y las enseñanzas bíblicas, haciéndolos accesibles a aún más personas.

La temprana recepción de la Septuaginta entre las comunidades judía y cristiana resalta su papel fundamental en la preservación y transmisión de las tradiciones religiosas. Para los judíos de habla griega, proporcionó una manera de mantenerse conectados con su herencia e identidad religiosa en un mundo predominantemente de habla griega. Para los primeros cristianos, ofrecía un recurso valioso para comprender e interpretar el Antiguo Testamento a la luz de la vida y las enseñanzas de Jesucristo.

La traducción de la Septuaginta fue un logro notable que requirió la colaboración y dedicación de muchos estudiosos. Abordó las necesidades lingüísticas y culturales de la diáspora judía, asegurando que sus textos sagrados siguieran siendo accesibles y relevantes. La recepción inicial de la Septuaginta entre las comunidades judía y cristiana primitiva fue en general positiva, a pesar de algunas reservas. Su influencia se extendió mucho más allá de su contexto original, moldeando el desarrollo del pensamiento cristiano primitivo y contribuyendo a la difusión de las enseñanzas bíblicas en diversas culturas e idiomas. Comprender el proceso de traducción y la recepción temprana de la Septuaginta enriquece nuestra apreciación de su impacto duradero en la historia religiosa y su papel en la conexión de diferentes tradiciones religiosas.

La influencia de la Septuaginta en las tradiciones judía y cristiana

La Septuaginta, una traducción griega de las Escrituras hebreas, tuvo una profunda influencia tanto en las tradiciones judías como en las cristianas. Su impacto se puede ver en diversos aspectos de las prácticas religiosas, las creencias y el desarrollo del pensamiento teológico.

Para las comunidades judías, especialmente las del mundo helenístico, la Septuaginta era vital para mantener su identidad religiosa. A medida que el griego se convirtió en el idioma dominante en muchas partes del Mediterráneo, los judíos de habla hebrea enfrentaron el desafío de leer sus textos sagrados en un idioma que ya no usaban comúnmente. La Septuaginta proporcionó una solución al traducir estos textos al griego, el idioma que hablaban y entendían la mayoría de los judíos de la diáspora.

La disponibilidad de la Septuaginta permitió a las comunidades judías continuar estudiando y practicando su fe en su idioma cotidiano. Se utilizaba en las sinagogas para leer y enseñar, asegurando que las Escrituras siguieran siendo fundamentales para la vida religiosa judía. La traducción también ayudó a preservar las tradiciones y leyes judías, permitiéndoles observar sus costumbres y rituales incluso cuando estaban lejos de su tierra natal.

Un área de influencia significativa fue la interpretación de las Escrituras. La Septuaginta ofrece en ocasiones matices diferentes respecto al texto hebreo. Estas diferencias podrían conducir a nuevos entendimientos e interpretaciones de ciertos pasajes. Por ejemplo, en el libro de Isaías, la Septuaginta usa la palabra "virgen" (partenos) en lugar de "mujer joven" (almah) para describir a la madre del futuro Emmanuel. Esta elección de traducción jugó más tarde un papel crucial en la teología cristiana con respecto al nacimiento virginal de Jesús.

La Septuaginta también incluía libros que no se encuentran en la Biblia hebrea, conocidos como libros apócrifos o deuterocanónicos. Estos textos proporcionaron información adicional sobre el pensamiento y la historia judíos durante el período intertestamentario, los siglos entre la finalización de la Biblia hebrea y el Nuevo Testamento. Libros como La Sabiduría de Salomón y los Macabeos ofrecieron perspectivas valiosas sobre la teología, la ética y la resistencia judías contra el dominio extranjero. Estos escritos enriquecieron la literatura religiosa judía e influyeron en las prácticas y creencias judías.

Para los primeros cristianos, la Septuaginta fue aún más significativa. La iglesia cristiana primitiva surgió en un ambiente de habla griega, y la Septuaginta fue la versión del Antiguo Testamento más comúnmente utilizada por los judíos y gentiles de habla griega. Los autores del Nuevo Testamento, que escribieron en griego, citaron con frecuencia el Antiguo Testamento utilizando la Septuaginta. Esta práctica reforzó la conexión entre las escrituras judías y el mensaje cristiano.

Una de las áreas clave donde la Septuaginta influyó en las creencias cristianas fue en la comprensión de las profecías mesiánicas. Los primeros cristianos vieron la vida y misión de Jesucristo como el cumplimiento de estas profecías. Las traducciones de la Septuaginta a menudo enfatizaban aspectos que los cristianos interpretaban como que apuntaban a Jesús. Por ejemplo, la traducción de Isaías 7:14 en la Septuaginta, que habla de una virgen dando a luz, fue vista como una profecía del nacimiento de Jesús por parte de la Virgen María.

La Septuaginta también dio forma a la teología cristiana con respecto a la naturaleza de Dios y la salvación. La inclusión de libros como la Sabiduría de Salomón influyó en el pensamiento cristiano primitivo sobre la sabiduría y el Logos (la Palabra), que se convirtieron en conceptos centrales de la teología cristiana. La Sabiduría de Salomón, con sus reflexiones sobre la sabiduría como atributo divino, contribuyó al desarrollo de la comprensión cristiana de Jesús como el Logos, el Verbo divino encarnado.

La influencia de la Septuaginta se extendió a la liturgia y el culto cristianos. Los primeros cristianos usaban los Salmos de la Septuaginta en sus oraciones e himnos. Los Salmos, con su rico lenguaje poético y expresiones de devoción, se convirtieron en una parte central del culto cristiano. La Septuaginta también informó las lecturas y enseñanzas en las primeras reuniones cristianas, proporcionando una base bíblica para sermones y discusiones teológicas.

El uso de la Septuaginta por los primeros cristianos también ayudó a establecer la continuidad entre el Antiguo y el Nuevo Testamento. Al citar e interpretar el Antiguo Testamento a través del lente de la Septuaginta, los primeros cristianos demostraron que su fe estaba arraigada en las antiguas escrituras de Israel. Esta conexión fue crucial para legitimar el cristianismo dentro del contexto de la tradición judía y para distinguirlo de otros movimientos religiosos de la época.

Otra área de influencia fue la inclusión de los libros deuterocanónicos en el canon cristiano. Estos libros, que forman parte de la Septuaginta pero no de la Biblia hebrea, fueron aceptados por muchas comunidades cristianas primitivas y pasaron a formar parte del Antiguo Testamento en las tradiciones católica y ortodoxa. Los libros deuterocanónicos proporcionaron narrativas, enseñanzas y relatos históricos adicionales que enriquecieron la herencia escritural cristiana.

También ofrecieron enseñanzas morales y éticas que influyeron en las prácticas y creencias cristianas.

Las opciones de traducción de la Septuaginta a veces llevaron a debates teológicos dentro de la iglesia primitiva. Las diferencias entre los textos de la Septuaginta y los hebreos provocaron discusiones sobre la exactitud y autoridad de varias versiones de las Escrituras. Estos debates fueron parte de discursos teológicos más amplios que dieron forma al desarrollo de la doctrina cristiana. Por ejemplo, las variaciones en la traducción de ciertos pasajes podrían influir en las interpretaciones de conceptos teológicos clave como la naturaleza de Cristo, el papel del Espíritu Santo y la comprensión de la salvación.

A largo plazo, la influencia de la Septuaginta en las tradiciones cristianas se extendió a traducciones posteriores de la Biblia. La Vulgata Latina, traducida por Jerónimo a finales del siglo IV, se basó en los textos hebreos pero también tuvo en cuenta la Septuaginta. La Vulgata se convirtió en la Biblia estándar para la iglesia occidental durante muchos siglos, difundiendo aún más la influencia de la Septuaginta. En la iglesia oriental, la Septuaginta siguió siendo el texto autorizado del Antiguo Testamento y continuó dando forma a la teología y la práctica cristiana ortodoxa.

La Septuaginta jugó un papel crucial en la configuración de las prácticas y creencias religiosas judías y cristianas. Para las comunidades judías, proporcionó una manera de mantener su fe y sus tradiciones en un mundo de habla griega. Influyó en las interpretaciones de las Escrituras e incluyó textos adicionales que enriquecieron la literatura religiosa judía. Para los primeros cristianos, la Septuaginta fue un texto fundamental que conectaba el Antiguo y el Nuevo Testamento, moldeaba el pensamiento teológico e informaba el culto y la liturgia. Su influencia se extendió a la inclusión de libros deuterocanónicos en el canon cristiano y contribuyó a los debates teológicos que dieron forma a la doctrina cristiana. El legado de la Septuaginta se sigue sintiendo en el estudio y la interpretación continuos de la Biblia, destacando su importancia perdurable en la historia del pensamiento religioso.

CAPÍTULO 2

El Nuevo Testamento griego: composición y canonización

Contexto histórico de los escritos del Nuevo Testamento

El Nuevo Testamento es una colección de escritos que fueron compuestos durante un período fascinante y complejo de la historia. Comprender el contexto histórico y cultural en el que se escribieron estos libros nos ayuda a apreciar su importancia y los desafíos que enfrentaron las primeras comunidades cristianas.

Los libros del Nuevo Testamento se escribieron en el siglo I d.C., una época en la que el Imperio Romano estaba en su apogeo. El Imperio Romano, conocido por su inmensidad y poder, se extendía por Europa, el norte de África y Oriente Medio. Fue un período de relativa estabilidad y paz, conocido como Pax Romana, que significa "Paz Romana". Esta estabilidad permitió viajes y comunicaciones más fáciles en todo el imperio, lo que ayudó a la difusión de nuevas ideas, incluido el cristianismo.

La sociedad romana estaba muy organizada, con una infraestructura bien desarrollada, incluidas carreteras y puertos que facilitaban el movimiento y el comercio. El imperio era un crisol de culturas, idiomas y religiones, lo que creó un entorno diverso en el que el cristianismo primitivo comenzó a tomar forma. El uso del griego koiné, un dialecto común, como lengua franca del Mediterráneo oriental, facilitó la difusión de ideas y la comunicación de personas en diferentes regiones.

Las primeras comunidades cristianas nacieron de este contexto diverso y dinámico. El cristianismo surgió del judaísmo y sus primeros seguidores fueron judíos que creían que Jesús de Nazaret era el Mesías prometido. La vida y las enseñanzas de

Jesús, que tuvieron lugar en la provincia romana de Judea, fueron fundamentales para la formación de estas comunidades. Su crucifixión, resurrección y las experiencias posteriores de sus seguidores sentaron las bases de lo que llegaría a ser la fe cristiana.

El papel del Imperio Romano fue significativo en la expansión del cristianismo. Si bien inicialmente las autoridades romanas se mostraron indiferentes o incluso hostiles a este nuevo movimiento religioso, el amplio alcance de la infraestructura del imperio facilitó inadvertidamente la difusión de las enseñanzas cristianas. Las vías romanas y las rutas marítimas permitieron a los misioneros cristianos, como Pablo, viajar mucho y establecer comunidades en varias ciudades y regiones. La interconexión del mundo romano significó que las noticias y las ideas podían viajar más rápido que en épocas anteriores.

Los primeros cristianos a menudo se reunían en hogares para adorar, comer en comunidad e recibir instrucción. Estas reuniones se caracterizaron por un sentido de comunidad y propósito compartido. Las enseñanzas de Jesús y los apóstoles se transmitieron oralmente y, con el tiempo, algunas de estas enseñanzas se escribieron en cartas y evangelios para preservarlas para las generaciones futuras y brindar orientación a las comunidades dispersas.

La composición del Nuevo Testamento refleja las diversas necesidades y circunstancias de las primeras comunidades cristianas. Los evangelios; Mateo, Marcos, Lucas y Juan narran la vida, las enseñanzas, la muerte y la resurrección de Jesús. Cada evangelio tiene su perspectiva y énfasis únicos, reflejando las diferentes audiencias y propósitos para los cuales fueron escritos. Por ejemplo, el Evangelio de Mateo a menudo se refiere a escrituras y costumbres judías, sugiriendo que fue escrito para una audiencia judeo-cristiana, mientras que el Evangelio de Lucas enfatiza la compasión de Jesús y su acercamiento a los gentiles.

Los Hechos de los Apóstoles, también escrito por el autor de Lucas, narra la historia temprana de la iglesia cristiana, centrándose en la difusión del evangelio y los viajes misioneros de Pablo y otros apóstoles. Este libro proporciona información valiosa sobre los desafíos y triunfos que enfrentaron los primeros cristianos mientras navegaban en un entorno complejo y a menudo hostil.

El Nuevo Testamento también incluye una colección de cartas o epístolas escritas por apóstoles como Pablo, Pedro, Santiago y Juan. Estas cartas abordaron cuestiones e inquietudes específicas dentro de las primeras comunidades cristianas, ofreciendo enseñanzas teológicas, instrucciones éticas y aliento. Las cartas de Pablo, en particular, son importantes por su profundidad teológica y sus consejos prácticos sobre cómo vivir una vida cristiana en un mundo diverso y a menudo polémico.

El contexto histórico del Imperio Romano influyó en el contenido y los temas de estos escritos. Los primeros cristianos enfrentaron persecución y oposición tanto de las autoridades judías como de los funcionarios romanos. El Imperio Romano, con su panteón de dioses y el culto al emperador, a menudo vio el monoteísmo exclusivo y el mensaje subversivo del cristianismo como una amenaza. Esta oposición a veces condujo a persecuciones brutales, como las de los emperadores Nerón y Domiciano.

A pesar de estos desafíos, o quizás debido a ellos, los primeros cristianos desarrollaron un fuerte sentido de identidad y comunidad. Los escritos del Nuevo Testamento reflejan esta resiliencia y compromiso con la fe. Enfatizan temas de esperanza, perseverancia y la victoria final del reino de Dios. Las cartas a menudo abordan cuestiones de unidad, moralidad y el ejercicio práctico de la fe en la vida diaria, brindando orientación a los creyentes que navegan en un mundo complejo.

El proceso de canonización, o reconocimiento de los libros autorizados del Nuevo Testamento, se llevó a cabo durante varios siglos. A medida que el cristianismo se extendió y creció, diferentes comunidades utilizaron diversos textos en su culto y enseñanza. En el siglo II, hubo un reconocimiento creciente de ciertos escritos como de inspiración única y autoridad. Los líderes y concilios de la iglesia desempeñaron un papel crucial en el discernimiento y la afirmación del canon del Nuevo Testamento.

Los criterios para la canonización incluían la autoría o conexión apostólica, la coherencia con la enseñanza cristiana establecida y la aceptación y uso generalizados en la iglesia primitiva. En el siglo IV, los 27 libros que ahora tenemos en el Nuevo Testamento fueron reconocidos en gran medida como canónicos. Este proceso no estuvo exento de debates y controversias, pero finalmente resultó en una colección de escritos que siguen siendo fundamentales para la fe y la práctica cristianas.

Los escritos del Nuevo Testamento no sólo fueron moldeados por su contexto histórico y cultural, sino que también influyeron profundamente en el desarrollo de la doctrina y la práctica cristianas. Proporcionaron una base para comprender la vida y la misión de Jesús, la naturaleza de la iglesia y las enseñanzas éticas y teológicas que guiarían a las comunidades cristianas en los siglos venideros.

El Nuevo Testamento fue compuesto en un contexto histórico dinámico y complejo marcado por el poder y el alcance del Imperio Romano y el mundo diverso e interconectado que creó. Las primeras comunidades cristianas navegaron por este entorno, preservando y difundiendo su fe a través de tradiciones orales, textos escritos y reuniones comunitarias. La infraestructura romana, a pesar de persecuciones ocasionales, facilitó la expansión del cristianismo. Los escritos del Nuevo Testamento reflejan los desafíos y esperanzas de estos primeros creyentes, ofreciendo profundidad teológica, guía práctica y una visión del reino de Dios. El proceso de canonización aseguró que estos escritos continuaran moldeando e inspirando la fe y la práctica cristianas a lo largo de la historia. Comprender este contexto enriquece nuestra apreciación del significado perdurable del Nuevo Testamento.

El proceso de canonización

El proceso de canonizar los libros del Nuevo Testamento fue una tarea larga y reflexiva que abarcó varios siglos. Este proceso determinó qué escritos se considerarían autorizados y sagrados, dando forma a los fundamentos de la doctrina y la práctica cristianas.

Las primeras comunidades cristianas produjeron numerosos escritos en los siglos I y II d.C., incluidos evangelios, cartas, actos y apocalipsis. Estos textos fueron escritos para abordar las necesidades de diversas comunidades, brindar orientación y preservar las enseñanzas de Jesús y los apóstoles. Sin embargo, no todos estos escritos finalmente fueron incluidos en el Nuevo Testamento.

El primer paso en el proceso de canonización fue el uso y reconocimiento de ciertos textos por parte de las primeras comunidades cristianas. Algunos escritos, como las cartas de Pablo y los cuatro evangelios, obtuvieron una amplia aceptación y fueron leídos y referenciados regularmente en el culto y la enseñanza cristianos. Estos textos fueron valorados por su autoridad apostólica y su coherencia con las creencias fundamentales del cristianismo.

Un criterio clave para que un libro fuera considerado para el canon del Nuevo Testamento era la autoría o conexión apostólica. Los primeros cristianos creían que los textos escritos por los apóstoles o sus colaboradores más cercanos estaban inspirados por el Espíritu Santo y llevaban la autoridad de los discípulos originales de Jesús. Por ejemplo, los evangelios de Mateo y Juan fueron atribuidos a dos de los apóstoles de Jesús, mientras que Marcos y Lucas fueron vistos como compañeros de los apóstoles Pedro y Pablo, respectivamente.

Otro criterio importante fue la coherencia con la doctrina cristiana establecida. La iglesia primitiva buscó asegurar que los textos incluidos en el canon estuvieran en armonía con las enseñanzas de Jesús y los apóstoles. Esto significó que se excluyeron los escritos que presentaban puntos de vista o enseñanzas contrarias a las creencias fundamentales del cristianismo. Las cartas de Pablo, por ejemplo, fueron muy valoradas por su profundidad teológica y su alineación con las enseñanzas de Jesús.

El uso generalizado y la aceptación de un texto por parte de las primeras comunidades cristianas también desempeñaron un papel importante. Era más probable que se incluyeran en el canon los textos leídos, citados y utilizados en el culto en varias regiones del Imperio Romano. Esta aceptación comunitaria indicó que estos escritos tuvieron un impacto significativo en la fe y la práctica de los primeros cristianos.

Los hitos clave en el proceso de canonización incluyeron los trabajos de los primeros padres y concilios de la iglesia. En el siglo II, líderes de la iglesia como Ireneo, Clemente de Alejandría y Tertuliano comenzaron a hacer referencia a un conjunto central de escritos autorizados, que incluían los cuatro evangelios y muchas de las cartas de Pablo. Sus escritos ayudaron a solidificar el reconocimiento de estos textos como centrales para la fe cristiana.

El Fragmento Muratoriano, un documento de finales del siglo II, proporciona una de las listas más antiguas de libros del Nuevo Testamento. Si bien no es idéntico al canon final, incluye la mayoría de los libros que eventualmente serían reconocidos como autorizados, lo que demuestra las primeras etapas de consenso sobre el canon.

El reconocimiento formal del canon del Nuevo Testamento continuó durante los siglos tercero y cuarto. Los concilios y sínodos eclesiásticos desempeñaron un papel crucial en este proceso. Por ejemplo, el Sínodo de Hipona en 393 EC y los Concilios de Cartago en 397 y 419 EC afirmaron los 27 libros del Nuevo Testamento que se reconocen hoy. Estos concilios proporcionaron validación oficial y ayudaron a estandarizar el canon en toda la iglesia cristiana.

La influyente labor de los padres de la Iglesia como Atanasio de Alejandría también fue fundamental. En su carta de Pascua del año 367 EC, Atanasio enumeró los 27 libros del Nuevo Testamento, marcando el primer caso conocido de este canon exacto. Su voz autorizada y el respeto que inspiraba dentro de la iglesia ayudaron a solidificar la aceptación de estos libros.

El proceso de canonización no estuvo exento de controversias y debates. Algunos libros enfrentaron más escrutinio y discusión que otros. La inclusión de textos como el Libro del Apocalipsis, la Epístola de Santiago y la Segunda Epístola de Pedro fue debatida debido a dudas sobre su autoría y contenido teológico. Sin embargo, estos textos finalmente fueron reconocidos como parte del canon debido a su alineación con la enseñanza apostólica y su uso generalizado en la iglesia.

La exclusión de ciertos escritos también fue parte del proceso de canonización. Textos como el Evangelio de Tomás, el Pastor de Hermas y la Didaché fueron valorados por algunas de las primeras comunidades cristianas, pero finalmente fueron excluidos del Nuevo Testamento. Estos escritos no se consideraron apostólicos ni coherentes con las creencias fundamentales del cristianismo, y su exclusión ayudó a mantener la integridad teológica del canon.

El desarrollo del canon del Nuevo Testamento estuvo influenciado por la necesidad de responder a varios movimientos heréticos y escritos alternativos. La iglesia primitiva enfrentó desafíos de grupos como los gnósticos, que produjeron sus propios textos e interpretaciones del cristianismo. Establecer un canon claro y autorizado ayudó a definir la ortodoxia y proteger a la iglesia de enseñanzas divergentes.

En el siglo IV, el proceso de canonización estaba prácticamente completo y los 27 libros del Nuevo Testamento fueron reconocidos como las escrituras autorizadas de la fe cristiana. Este canon proporcionó una base unificada para la doctrina, el culto y la práctica cristiana, dando forma a la identidad y las creencias de la iglesia.

El canon del Nuevo Testamento ha tenido un impacto profundo y duradero en el cristianismo. Ha guiado el desarrollo teológico, informado enseñanzas éticas y servido como base para el culto y la devoción. El reconocimiento de estos textos como inspirados y autorizados ha asegurado su lugar central en la vida de la iglesia y su continua relevancia para los cristianos de todo el mundo.

El proceso de canonizar los libros del Nuevo Testamento implicó una cuidadosa consideración de la autoría apostólica, la coherencia doctrinal y la aceptación comunitaria. Los padres, concilios y sínodos de la iglesia primitiva desempeñaron papeles cruciales en la afirmación del canon, al tiempo que respondían a los desafíos planteados por los movimientos heréticos y los escritos alternativos. El canon resultante del Nuevo Testamento ha proporcionado una base para la fe y la práctica cristianas, dando forma a las creencias y la identidad de la iglesia durante siglos. Comprender este proceso nos ayuda a apreciar la importancia del Nuevo Testamento y su impacto duradero en la tradición cristiana.

Manuscritos clave y su importancia

Los manuscritos del Nuevo Testamento son esenciales para comprender el desarrollo, la transmisión y la preservación de las Escrituras cristianas. Estos documentos antiguos brindan información valiosa sobre el texto del Nuevo Testamento y son cruciales para la erudición bíblica y los estudios críticos de textos. Aquí identificaremos y describiremos algunos de los manuscritos más importantes del Nuevo Testamento y explicaremos su significado.

Uno de los manuscritos más antiguos y significativos del Nuevo Testamento es el Codex Sinaiticus. Descubierto a mediados del siglo XIX en el Monasterio de Santa Catalina en la península del

Sinaí, este manuscrito del siglo IV contiene la copia completa más antigua del Nuevo Testamento. Está escrito en griego sobre pergamino e incluye no sólo el Nuevo Testamento sino también partes del Antiguo Testamento y algunos escritos cristianos primitivos. El Codex Sinaiticus es muy valioso para los eruditos porque proporciona una instantánea del texto bíblico tal como existía en el siglo IV, lo que permite realizar comparaciones con otros manuscritos para identificar variaciones y rastrear el desarrollo del texto.

Otro manuscrito importante es el Codex Vaticanus, también del siglo IV. Reside en la Biblioteca del Vaticano y es uno de los manuscritos griegos más antiguos y completos de la Biblia. El Codex Vaticanus contiene casi la totalidad del Antiguo y Nuevo Testamento, aunque faltan algunas partes debido a los daños causados por el tiempo. Su importancia radica en su antigüedad, su integridad y la calidad de su texto. Se considera uno de los testigos más fiables del texto temprano del Nuevo

Testamento y se utiliza a menudo en ediciones críticas del Nuevo Testamento griego.

El Codex Alexandrinus es otro manuscrito clave que data del siglo V. Se encuentra en la Biblioteca Británica de Londres y contiene la mayor parte del Antiguo y Nuevo Testamento. El Codex Alexandrinus es particularmente importante por sus variaciones textuales, que proporcionan información valiosa para comprender cómo evolucionó el texto del Nuevo Testamento. También incluye algunos escritos cristianos primitivos que no se encuentran en otros códices importantes, lo que lo convierte en una fuente rica para estudiar la literatura cristiana primitiva.

El Codex Bezae, del siglo V o VI, es único porque es un manuscrito bilingüe, con griego en un lado de la página y latín en el otro. Este manuscrito lleva el nombre de Theodore Beza, quien lo donó a la Universidad de Cambridge, donde aún se conserva. El Codex Bezae es importante por sus características textuales distintivas, incluidas numerosas adiciones, omisiones y modificaciones en comparación con otros manuscritos. Estas diferencias brindan información sobre la diversidad de las tradiciones textuales cristianas primitivas y ayudan a los estudiosos a comprender cómo se transmitió y modificó el texto del Nuevo Testamento a lo largo del tiempo.

Los Papiros Chester Beatty, descubiertos en el siglo XX, son una colección de manuscritos en papiros antiguos del Nuevo Testamento que datan de los siglos II al IV. Estos papiros incluyen porciones sustanciales de los Evangelios, los Hechos, las Epístolas Paulinas y el Apocalipsis. Son cruciales para los estudios bíblicos porque se encuentran entre los manuscritos más antiguos del Nuevo Testamento que se conservan y ofrecen una visión del texto tal como fue leído y copiado en los primeros siglos del cristianismo. Los papiros Chester Beatty ayudaron a los estudiosos a reconstruir el texto inicial y evaluar la precisión y confiabilidad de los manuscritos posteriores.

Otro manuscrito notable son los Papiros de Bodmer, una colección de textos cristianos primitivos descubiertos en Egipto. Entre estos, P66 y P75 son particularmente importantes para los estudios del Nuevo Testamento. P66, que data aproximadamente del año 200 d.C., contiene una gran parte del Evangelio de Juan, mientras que P75, de principios del siglo III, incluye secciones sustanciales de Lucas y Juan. Estos papiros son valiosos por su fecha temprana y la calidad relativamente alta del texto, proporcionando importantes testimonios de la transmisión temprana de los Evangelios.

La importancia de estos manuscritos se extiende más allá de su antigüedad y su integridad. Son fundamentales para el campo de la crítica textual, que busca reconstruir el texto original del Nuevo Testamento comparando variaciones entre manuscritos. Al examinar las diferencias en la redacción, la ortografía y el orden, los académicos pueden identificar errores de los escribas, cambios deliberados y el historial de transmisión del texto. Este trabajo ayuda a garantizar que las traducciones modernas del Nuevo Testamento sean lo más precisas y fieles posible a los escritos originales.

Estos manuscritos también arrojan luz sobre los contextos históricos y culturales en los que fueron producidos. Por ejemplo, el uso de diferentes materiales, como el papiro o el pergamino, y los estilos de escritura, como la uncial o la cursiva, proporcionan información sobre las prácticas tecnológicas y artísticas de la época. La presencia de notas marginales, correcciones y anotaciones revela cómo estos textos fueron utilizados, estudiados e interpretados por las primeras comunidades cristianas.

Además, el descubrimiento y el estudio de estos manuscritos han ayudado a desacreditar las afirmaciones de corrupción o alteración significativa del texto del Nuevo Testamento a lo largo del tiempo. Si bien existen variaciones entre los manuscritos, la coherencia general del texto del Nuevo Testamento en diferentes regiones y períodos de tiempo atestigua la cuidadosa preservación y transmisión de estos escritos por parte de los primeros cristianos. Esta coherencia refuerza la confiabilidad del Nuevo Testamento como documento histórico y religioso.

Además de su importancia textual, estos manuscritos han desempeñado un papel crucial en la historia de la erudición bíblica. El trabajo de eruditos como Constantin von Tischendorf, que descubrió el Códice Sinaítico, y otros que han catalogado, transcrito y analizado minuciosamente estos textos, ha hecho avanzar nuestra comprensión del Nuevo Testamento. El estudio en curso de estos manuscritos continúa generando nuevos descubrimientos y conocimientos, contribuyendo al campo dinámico y en evolución de los estudios bíblicos.

Los manuscritos clave del Nuevo Testamento, como el Codex Sinaiticus, el Codex Vaticanus, el Codex Alexandrinus, el Codex Bezae, los papiros Chester Beatty y los papiros Bodmer, son invaluables para la erudición bíblica y los estudios de textos críticos. Estos manuscritos proporcionan evidencia crítica para reconstruir el texto original del Nuevo Testamento, comprender su historia de transmisión y apreciar sus contextos históricos y culturales. Su cuidadosa preservación y estudio han asegurado que el Nuevo Testamento siga siendo una fuente confiable y autorizada para la fe y la práctica cristianas, al mismo tiempo que contribuye al campo más amplio de los estudios históricos y literarios antiguos. Comprender el significado de estos manuscritos mejora nuestra apreciación del Nuevo Testamento y su impacto duradero en las tradiciones religiosas y académicas.

CAPÍTULO 3

Lengua y traducción: desafíos y métodos

El griego koiné de la Septuaginta y el Nuevo Testamento

El griego koiné, también conocido como griego común, es el idioma en el que se escribieron tanto la Septuaginta como el Nuevo Testamento. Esta forma de griego prevaleció aproximadamente entre el 300 a. C. y el 300 d. C. y sirvió como lengua franca en todo el mundo helenístico, facilitando la comunicación entre personas de diversos orígenes dentro de los vastos territorios conquistados por Alejandro Magno y luego gobernados por los romanos.

Una de las características definitorias del griego koiné es su simplicidad y accesibilidad en comparación con el griego clásico. El griego clásico, utilizado por escritores famosos como Platón y Homero, es conocido por su complejidad, rico vocabulario e intrincadas estructuras gramaticales. Era el lenguaje de la alta literatura, la filosofía y el discurso formal. Por el contrario, el griego koiné surgió como un lenguaje más ágil y práctico, adecuado para la comunicación, el comercio y la administración cotidianos.

El griego koiné conservó muchos elementos del griego clásico, pero los simplificó, lo que facilitó su aprendizaje y uso para personas de diversas regiones. Por ejemplo, tenía menos formas verbales y una estructura de oración más sencilla. Esta simplificación fue crucial para permitir la difusión de la cultura y el idioma griegos entre las diversas poblaciones de los imperios helenístico y romano.

El uso del griego koiné en la Septuaginta y el Nuevo Testamento tuvo importantes implicaciones para la traducción y la comunicación. La

Septuaginta, una traducción griega de la Biblia hebrea, fue creada para las comunidades judías que vivían fuera de Palestina, particularmente en Alejandría, Egipto. Estos judíos, conocidos como la diáspora, hablaban griego como idioma principal y necesitaban las Escrituras en una forma que pudieran entender. El proceso de traducción implicó traducir conceptos y modismos hebreos al griego, una tarea que requirió una consideración cuidadosa para preservar el significado y los matices del texto original.

Un desafío al traducir el hebreo al griego koiné fue la diferencia en los contextos lingüísticos y culturales. El hebreo, una lengua semítica, tiene una estructura y un vocabulario únicos profundamente arraigados en las tradiciones culturales y religiosas del antiguo Israel. El griego, una lengua indoeuropea, tiene su propio conjunto de convenciones y modismos. Los traductores de la Septuaginta tuvieron que sortear estas diferencias, a veces inventando nuevas palabras griegas o adaptando las existentes para transmitir conceptos hebreos con precisión. Por ejemplo, la palabra hebrea "Torá", que significa "ley" o "instrucción", se tradujo como "nomos" en griego, una palabra que tiene connotaciones legales pero que necesitaba abarcar el sentido más amplio de enseñanza divina en el contexto hebreo.

Los escritores del Nuevo Testamento también enfrentaron el desafío de utilizar el griego koiné para comunicar las enseñanzas de Jesús y los apóstoles. Muchos de los primeros cristianos, incluidos Jesús y sus discípulos, eran judíos y hablaban arameo, una lengua semítica relacionada con el hebreo. A medida que el mensaje del cristianismo se extendió más allá de las comunidades judías al mundo grecorromano en general, fue necesario presentarlo en griego, el idioma común de la época.

El uso del griego koiné permitió a los escritores del Nuevo Testamento llegar a una amplia audiencia.

La simplicidad y claridad del griego koiné lo hizo accesible a la gente corriente, incluidas aquellas con educación limitada. Esta accesibilidad fue vital para difundir el mensaje cristiano y garantizar que pudiera ser entendido por diversas comunidades de todo el Imperio Romano.

Sin embargo, traducir las enseñanzas de Jesús y los apóstoles del arameo al griego planteó desafíos específicos. Algunas expresiones y modismos arameos no tenían equivalentes directos en griego, por lo que requerían una adaptación creativa. Por ejemplo, la expresión aramea de Jesús "Abba", un término cariñoso que significa "padre", se conserva en el texto griego del Nuevo Testamento junto con su equivalente griego, "pater". Este uso dual enfatiza la relación íntima entre los creyentes y Dios, un concepto central en la teología cristiana.

El uso del griego koiné también influyó en el desarrollo teológico del cristianismo. Los términos y conceptos filosóficos griegos proporcionaron un marco para articular las creencias cristianas de una manera comprensible para una audiencia grecorromana. Por ejemplo, la palabra griega "logos", que significa "palabra" o "razón", se usó en el Evangelio de Juan para describir a Jesús como la Palabra divina a través de quien todas las cosas fueron hechas. Este concepto resonó en las tradiciones filosóficas judía y griega, facilitando una comprensión más profunda de la naturaleza divina de Jesús y su papel en la creación.

La traducción y transmisión del Nuevo Testamento en griego koiné jugó un papel crucial en la configuración del pensamiento y la práctica del cristianismo primitivo. La accesibilidad del idioma permitió la rápida difusión de las enseñanzas cristianas y el establecimiento de diversas comunidades unidas por una fe común. También permitió la preservación de las enseñanzas de Jesús y los escritos de los apóstoles en una forma que pudiera ser copiada, compartida y estudiada ampliamente.

Además de sus beneficios prácticos, el uso del griego koiné en la Septuaginta y el Nuevo Testamento tiene una importante importancia académica. El estudio de estos textos proporciona información valiosa sobre los contextos lingüísticos y culturales de las primeras comunidades judía y cristiana. Al examinar el texto griego, los estudiosos pueden rastrear el desarrollo de las ideas religiosas, comprender los matices de la traducción y explorar las interacciones entre diferentes tradiciones lingüísticas y culturales.

Los manuscritos de la Septuaginta y del Nuevo Testamento también han sido fundamentales en el campo de la crítica textual. La comparación de diferentes manuscritos griegos permite a los estudiosos identificar variaciones, comprender la historia de transmisión del texto y reconstruir la redacción original con la mayor precisión posible. Este trabajo es esencial para producir traducciones modernas confiables de la Biblia y para profundizar nuestra comprensión de su contexto histórico y teológico.

Además, el uso del griego koiné resalta la inclusividad y universalidad del mensaje cristiano primitivo. Al adoptar un lenguaje común y accesible, los primeros cristianos demostraron su compromiso de llegar a personas de todos los ámbitos de la vida, independientemente de su origen cultural o lingüístico. Este enfoque ayudó a establecer el cristianismo como una fe global, trascendiendo las fronteras del idioma y la cultura.

El uso del griego koiné en la Septuaginta y el Nuevo Testamento fue un factor clave en la difusión y desarrollo del judaísmo y el cristianismo primitivos. Su sencillez y accesibilidad lo convirtieron en un medio ideal para la comunicación, traducción y transmisión de textos sagrados. Los desafíos de traducir conceptos hebreos y arameos al griego se afrontaron con creatividad y cuidado, garantizando que se preservaran los significados esenciales. El estudio de estos textos griegos continúa brindando información valiosa sobre los contextos lingüísticos, culturales y teológicos de las primeras comunidades judías y cristianas, mejorando nuestra comprensión de la Biblia y su impacto duradero en el mundo.

Técnicas y estrategias de traducción

Traducir textos hebreos al griego para la Septuaginta fue una tarea compleja y matizada que requirió una cuidadosa consideración de las características únicas y los contextos culturales de ambos idiomas. Los traductores emplearon varias técnicas y estrategias para traducir las escrituras hebreas al griego de manera efectiva. Estos métodos tienen importantes implicaciones para la interpretación de los textos, arrojando luz sobre el proceso de traducción y los matices de significado resultantes.

Una técnica principal utilizada en la traducción de textos hebreos al griego fue la traducción literal.

Este enfoque tenía como objetivo permanecer lo más cerca posible de la redacción y estructura hebreas originales, preservando la forma y el contenido del texto fuente. La traducción literal es evidente en muchas partes de la Septuaginta, donde los modismos, expresiones y estructuras gramaticales hebreas se reflejan en el griego. Por ejemplo, el hebreo suele utilizar la repetición para dar énfasis, algo que los traductores a veces retienen en griego, aunque parezca inusual en la sintaxis griega. Esta técnica ayuda a mantener el sabor y el tono originales del texto hebreo, pero a veces puede resultar en frases griegas incómodas o poco claras.

Otra técnica fue la equivalencia dinámica, que se centra en transmitir el significado y la intención del texto original en lugar de ceñirse rígidamente a su forma. Este método implica adaptar modismos y expresiones hebreas a sus equivalentes griegos más cercanos para que el texto sea más comprensible para el público de habla griega. Por ejemplo, la frase hebrea "un hombre sanguinario" podría traducirse al griego como "un asesino" para transmitir claramente el significado deseado. La equivalencia dinámica permite un griego más fluido y natural, lo que hace que el texto sea más accesible para lectores que no estén familiarizados con los modismos hebreos.

Los traductores también emplearon la adaptación contextual, donde el contexto cultural y religioso del público objetivo influyó en las elecciones de traducción. Los traductores de la Septuaginta eran conscientes del entorno cultural helenístico en el que vivían sus lectores y, en ocasiones, adaptaron el texto para que resonara con conceptos filosóficos o culturales griegos. Por ejemplo, al traducir términos relacionados con prácticas de sacrificio, podrían elegir palabras griegas que tuvieran connotaciones similares en el contexto religioso griego. Esta estrategia ayudó a cerrar la brecha entre los mundos culturales hebreo y griego, haciendo que las Escrituras fueran más relevantes y comprensibles para los judíos de habla griega y los primeros cristianos.

La transliteración fue otra estrategia utilizada en el proceso de traducción. Esto implicó conservar ciertas palabras hebreas en su forma original pero escritas en letras griegas. La transliteración se aplicaba a menudo a nombres propios, topónimos y términos específicos que no tenían equivalentes griegos directos. Por ejemplo, el nombre hebreo "Moisés" fue transliterado al griego como "Mōysēs" (Μωυσῆς). Este método preservó la identidad distintiva de figuras y conceptos clave y al mismo tiempo los hizo accesibles a los lectores griegos. La transliteración mantuvo el sonido original y el reconocimiento de estos términos, asegurando que su significado cultural y religioso no se perdiera en la traducción.

El uso de adiciones explicativas fue otra técnica empleada por los traductores. En algunos casos, el texto griego de la Septuaginta incluye palabras o frases adicionales para aclarar o ampliar el significado del hebreo original. Estas adiciones ayudan a explicar el contexto, proporcionar información general o resolver ambigüedades en el texto hebreo. Por ejemplo, una frase hebrea que pueda ser ambigua o culturalmente específica podría traducirse al griego con una adición explicativa para garantizar que el lector comprenda completamente el mensaje deseado. Si bien esta técnica mejora la claridad, también introduce elementos interpretativos que reflejan la comprensión del texto por parte de los traductores.

Parafrasear también fue una estrategia común en ciertas partes de la Septuaginta. En lugar de una traducción palabra por palabra, parafrasear implica reformular el contenido de una manera que capte el sentido general y el significado del texto original. Este enfoque permite una mayor flexibilidad a la hora de transmitir el mensaje y puede resultar especialmente útil cuando se trata de lenguaje poético o muy figurativo. Por ejemplo, la poesía hebrea, con su paralelismo e imágenes vívidas, podría traducirse al griego centrándose en capturar la esencia poética y el impacto deseado en lugar de una traducción literal estricta. Parafrasear puede hacer que el texto sea más atractivo y más identificable para los lectores de habla griega.

Otra técnica importante fue el uso de la traducción interpretativa, donde los traductores tomaban decisiones basadas en su comprensión teológica o doctrinal. Este método implicaba interpretar pasajes hebreos ambiguos o complejos de una manera que se alineara con las creencias de los traductores y el contexto religioso de su audiencia. Por ejemplo, las profecías mesiánicas de la Biblia hebrea podrían traducirse de una manera que resalte su cumplimiento en Jesucristo, reflejando las perspectivas teológicas cristianas primitivas. La traducción interpretativa revela los propios puntos de vista de los traductores y el contexto religioso en el que trabajaron, ofreciendo información sobre la interacción entre traducción y teología.

La armonización de pasajes paralelos es otra estrategia vista en la Septuaginta. Al traducir textos que tienen versiones paralelas, como diferentes relatos del mismo evento o enseñanza, los traductores a veces armonizaban estos pasajes para crear una narrativa consistente y coherente. Esta técnica tenía como objetivo resolver discrepancias y presentar un mensaje unificado, haciendo que el texto fuera más coherente para los lectores. Sin embargo, la armonización también puede oscurecer las variaciones y características únicas de los textos originales, afectando la forma en que se interpretan estos pasajes.

Estas diversas técnicas y estrategias de traducción tienen profundas implicaciones para interpretar la Septuaginta y comprender su relación con la Biblia hebrea. Revelan los esfuerzos de los traductores por equilibrar la fidelidad al texto original con la necesidad de hacerlo accesible y significativo para las audiencias de habla griega. Cada técnica refleja diferentes prioridades y desafíos en el proceso de traducción, destacando las complejidades involucradas en la traducción de textos sagrados en diferentes idiomas y culturas.

Comprender estas técnicas también ayuda a los eruditos y lectores a apreciar los matices y capas de significado de la Septuaginta. Arroja luz sobre cómo el texto fue moldeado por sus traductores y los contextos culturales, religiosos y lingüísticos en los que trabajaron. Esta conciencia mejora nuestra capacidad para interpretar la Septuaginta y su influencia en las tradiciones judías y cristianas, profundizando nuestra comprensión de su significado en la historia de la traducción e interpretación bíblica.

La traducción de textos hebreos al griego para la Septuaginta implicó una variedad de técnicas y estrategias, incluida la traducción literal, la equivalencia dinámica, la adaptación contextual, la transliteración, las adiciones explicativas, la paráfrasis, la traducción interpretativa y la armonización. Estos métodos reflejan los esfuerzos de los traductores por transmitir el significado y la importancia de las escrituras hebreas a audiencias de habla griega mientras navegan por las diferencias lingüísticas y culturales. Comprender estas técnicas proporciona información valiosa sobre el proceso de traducción y sus implicaciones para la interpretación de los textos, enriqueciendo nuestra apreciación del papel de la Septuaginta en la transmisión y el desarrollo de las tradiciones bíblicas.

Desafíos y resoluciones de traducción notables

La traducción de textos antiguos como la Biblia hebrea y el Nuevo Testamento al griego presentó numerosos desafíos para los traductores de la Septuaginta y los primeros textos cristianos. Estos desafíos surgieron de diferencias lingüísticas, culturales y teológicas entre los mundos de habla hebrea y griega. A continuación se presentan algunos desafíos de traducción notables y cómo los abordaron los traductores.

Un desafío importante fue traducir modismos y expresiones hebreas al griego. El hebreo, como lengua semítica, solía utilizar expresiones idiomáticas que no tenían equivalentes directos en griego. Por ejemplo, la frase hebrea "levantar el rostro" significa mostrar favor o prestar atención, pero este modismo no se puede traducir directamente al griego. Para abordar esto, los traductores tuvieron que encontrar frases griegas que transmitieran un significado similar, incluso si las palabras literales fueran diferentes. Podrían traducir "levantar el rostro" como "mostrar favor" o "dar atención", eligiendo expresiones griegas que tuvieran sentido para su audiencia y al mismo tiempo preservaran la intención original.

Otro desafío fue lidiar con términos y conceptos teológicos exclusivos de la cultura y religión hebreas. Por ejemplo, la palabra hebrea "chesed", que abarca bondad, amor y fidelidad al pacto, no tiene un equivalente griego preciso. Los traductores solían utilizar la palabra griega "eleos" (misericordia) o "ágape" (amor) para captar aspectos de "jesed", pero estas palabras no transmiten plenamente su rico significado. Esto requirió que los traductores usaran contexto y explicaciones adicionales para garantizar que los lectores comprendieran la profundidad teológica de dichos términos.

Los nombres y títulos propios también plantearon desafíos. Los nombres en hebreo a menudo tienen significados específicos o significado cultural, que pueden perderse en la traducción. Por ejemplo, el nombre hebreo "Yeshua" (que significa "Yahweh salva") se tradujo al griego como "Iēsous", que en inglés se convirtió en "Jesús". Si bien se conservó el sonido fonético, es posible que el significado del nombre no resulte claro de inmediato para los lectores griegos. De manera similar, títulos como "Mesías" (ungido) fueron traducidos como

"Christos" en griego. Aunque "Christos" transmite la idea de unción, las connotaciones culturales y religiosas de "Mesías" requirieron un contexto adicional para una comprensión completa.

También era necesario tratar con cuidado las referencias geográficas y las prácticas culturales. La Biblia hebrea contiene muchas referencias a lugares, costumbres y eventos específicos de la antigua cultura israelita. Los traductores tuvieron que decidir si transliteraban estos términos, los traducían a equivalentes griegos o proporcionaban notas explicativas. Por ejemplo, el hebreo "Yom Kippur", el Día de la Expiación, podría traducirse como "Día de la Expiación" en griego, pero podría ser necesaria una explicación adicional para transmitir el significado completo de esta importante observancia religiosa a los lectores griegos que no estén familiarizados con las costumbres judías. .

Un desafío particularmente difícil fue la traducción de la terminología sacrificial. La Biblia hebrea contiene descripciones detalladas de los rituales de sacrificio, que eran fundamentales para el culto israelita. Las prácticas religiosas griegas eran diferentes y era complejo encontrar términos griegos adecuados para los conceptos de sacrificio hebreos. Por ejemplo, el término hebreo "olah" (holocausto) tenía que traducirse de manera que los lectores griegos pudieran entender su propósito y significado dentro del contexto del culto israelita. Los traductores podrían utilizar el término griego "holokautōma" (holocausto completo) y proporcionar contexto adicional para explicar su función y significado.

Los conceptos relacionados con lo divino y lo sagrado fueron otra área de dificultad. La Biblia hebrea utiliza a menudo un lenguaje antropomórfico para describir a Dios, atribuyendo características humanas a lo divino. Por ejemplo, Dios "caminando" en el Jardín del Edén o teniendo una "mano poderosa". Estas expresiones necesitaban una traducción cuidadosa para evitar malentendidos y al mismo tiempo preservar el significado deseado. La filosofía griega, que influyó en el pensamiento helenístico, a menudo consideraba lo divino como trascendente y abstracto, por lo que los traductores tuvieron que equilibrar estas perspectivas. Podrían elegir términos más abstractos o agregar frases aclaratorias para transmitir la comprensión hebrea de las acciones y la presencia de Dios.

La traducción del lenguaje poético y metafórico presentó nuevos desafíos. La poesía hebrea, como los Salmos, es rica en metáforas, paralelismos e imágenes vívidas. Traducir estos elementos al griego requirió creatividad para mantener la calidad poética y el impacto emocional. Por ejemplo, la metáfora hebrea de Dios como una "roca" simboliza fuerza y estabilidad. Los traductores podrían utilizar la palabra griega "petra" (roca), pero también considerar redacción adicional para captar la resonancia completa de la metáfora. Equilibrar la traducción literal con la preservación de la esencia poética fue una tarea delicada.

Un ejemplo de un desafío específico fue la traducción de la palabra hebrea "Seol". En hebreo, "Seol" se refiere a la morada de los muertos, un concepto algo diferente de la comprensión griega de la otra vida. Los traductores enfrentaron la dificultad de transmitir este término a los lectores griegos, quienes tal vez no tuvieran un equivalente directo en su propio vocabulario religioso. A menudo usaban la palabra griega "Hades" para traducir "Seol", aunque "Hades" tenía sus propias connotaciones de la mitología griega. Esta elección requería que los lectores comprendieran que "Hades" en este contexto se refería al concepto hebreo del inframundo, no al reino mitológico griego.

Otro ejemplo es la traducción de la palabra hebrea "ruach", que significa "espíritu", "viento" o "aliento". La amplia gama semántica de esta palabra hizo que fuera difícil traducirla con precisión al griego. Dependiendo del contexto, "ruach" podría traducirse como "pneuma" (espíritu) o "anemos" (viento) en griego. Los traductores tuvieron que discernir el significado pretendido en cada contexto y elegir la palabra griega que mejor transmitiera el concepto hebreo. Este proceso requirió una comprensión profunda de ambos idiomas y sus matices culturales.

Traducir los verbos hebreos con su complejo sistema de aspectos al griego, que tiene un sistema verbal diferente, también fue un desafío. Los verbos hebreos transmiten no sólo acción sino también aspecto (acciones completadas versus acciones en curso) en formas que no siempre corresponden directamente a las formas verbales griegas. Los traductores tuvieron que elegir qué tiempo o modo griego captaba mejor el aspecto hebreo, añadiendo a veces frases explicativas para transmitir el significado completo. Por ejemplo, el tiempo imperfecto hebreo, que indica una acción en curso, podría traducirse usando un tiempo presente griego con contexto adicional para aclarar la naturaleza continua de la acción.

La traducción de textos hebreos al griego para la Septuaginta y el Nuevo Testamento implicó superar numerosos desafíos relacionados con el idioma, la cultura y la teología. Los traductores utilizaron una variedad de técnicas, incluida la traducción literal, la equivalencia dinámica, la adaptación contextual, la transliteración, las adiciones explicativas y la paráfrasis, para afrontar estos desafíos. Estos métodos ayudaron a cerrar la brecha entre las audiencias de habla hebrea y griega, asegurando que los textos sagrados fueran accesibles y significativos. Comprender estos desafíos y resoluciones proporciona información valiosa sobre el proceso de traducción y mejora nuestra apreciación de la Septuaginta y el Nuevo Testamento como textos fundamentales de las tradiciones judía y cristiana.

CAPÍTULO 4

Temas clave en la Septuaginta

Pacto y ley

El tema del pacto y la ley es central en la Septuaginta y conlleva importantes implicaciones teológicas. El concepto de pacto en la Biblia hebrea, que la Septuaginta traduce al griego, se refiere a un acuerdo o relación solemne entre Dios y su pueblo. La ley, dada por Dios a los israelitas, describe los términos y condiciones de este pacto. Juntos, estos temas forman la base de la relación de Israel con Dios, dando forma a su identidad, prácticas y creencias.

El tema del pacto se introduce por primera vez en la narración de Noé, donde Dios promete no volver a inundar la tierra, simbolizado por el arco iris. Este pacto es una promesa universal, que refleja la misericordia y la fidelidad de Dios hacia toda la creación. La Septuaginta usa la palabra griega "diatheke" para traducir "pacto", enfatizando un acuerdo o testamento vinculante. Este término es significativo porque resalta la naturaleza solemne y duradera de la relación entre Dios y la humanidad.

El pacto más importante de la Septuaginta es el que se hizo con Abraham. Dios promete a Abraham una descendencia tan numerosa como las estrellas, tierra para su pueblo y bendiciones para todas las naciones a través de él. Este pacto se reitera a Isaac y Jacob, hijo y nieto de Abraham, estableciendo el fundamento patriarcal de Israel. La Septuaginta describe este pacto como incondicional y basado en la gracia y la fidelidad de Dios. La obediencia y la fe de Abraham son fundamentales para esta relación, lo que ilustra la importancia de la confianza y el compromiso en el vínculo del pacto.

Otro pacto clave en la Septuaginta es el que se hizo con Moisés en el monte Sinaí. Este pacto, también conocido como Pacto Sinaítico, es fundamental para la identidad israelita. Aquí, Dios da la ley, o "Torá", a los israelitas, que incluye los Diez Mandamientos y otras instrucciones detalladas para la vida. La ley describe las normas éticas, ceremoniales y civiles que los israelitas deben seguir como pueblo elegido de Dios. En la Septuaginta, la ley se denomina "nomos", subrayando su papel como código legal vinculante.

La Ley Mosaica tiene profundas implicaciones teológicas. Representa la santidad y la justicia de Dios, estableciendo un estándar a seguir por los israelitas. La ley es vista como una guía para vivir de una manera que refleje el carácter y los propósitos de Dios. Al adherirse a la ley, los israelitas demuestran su lealtad y obediencia a Dios, cumpliendo su parte del pacto. Esta obediencia no se trata sólo de seguir reglas; se trata de mantener una relación con Dios basada en la confianza, el amor y la reverencia.

El tema de la renovación del pacto también es prominente en la Septuaginta. A lo largo de la historia de Israel, el pacto se renueva en varios momentos, a menudo en respuesta a períodos de desobediencia y arrepentimiento. Por ejemplo, en el libro de Deuteronomio, Moisés reitera la ley y el pacto a una nueva generación de israelitas antes de que entren a la Tierra Prometida. Esta renovación enfatiza la continuidad de las promesas de Dios y la necesidad constante de la fidelidad de Israel. Subraya la idea de que el pacto no es un evento único sino una relación dinámica que requiere un compromiso continuo.

La Septuaginta también destaca la naturaleza condicional del pacto en ciertos aspectos. Si bien las promesas de Dios se basan en su fidelidad, las bendiciones asociadas con el pacto a menudo dependen de la obediencia de Israel a la ley. Esta condicionalidad es evidente en las bendiciones y maldiciones descritas en Deuteronomio. La obediencia conduce a bendiciones, como prosperidad y paz, mientras que la desobediencia resulta en maldiciones, incluido el exilio y el sufrimiento. Esta condicionalidad subraya la seriedad del pacto y la importancia de vivir según las normas de Dios.

La literatura profética de la Septuaginta explora más a fondo los temas del pacto y la ley. Profetas como Isaías, Jeremías y Ezequiel llaman a Israel a volver a la fidelidad al pacto, recordándoles a menudo la ley y las consecuencias de la desobediencia. También hablan de una futura renovación de la alianza, caracterizada por una relación más profunda e interiorizada con Dios. Por ejemplo, Jeremías habla de un "nuevo pacto" donde la ley será escrita en el corazón de las personas, indicando una conexión íntima y transformadora con Dios. Esta perspectiva orientada al futuro añade una capa de esperanza y expectativa al tema del pacto y la ley.

El tema del pacto y la ley en la Septuaginta también tiene implicaciones mesiánicas. Muchos pasajes de los libros proféticos anticipan una figura venidera que cumplirá las promesas del pacto y generará una relación renovada entre Dios y su pueblo. Los cristianos interpretan que estas profecías mesiánicas apuntan a Jesucristo, quien creen que establece un nuevo pacto a través de su vida, muerte y resurrección. La traducción e interpretación de estos textos por parte de la Septuaginta son importantes para comprender la teología cristiana primitiva y la continuidad entre el Antiguo y el Nuevo Testamento.

En el contexto de la tradición judía, el tratamiento que hace la Septuaginta del pacto y la ley subraya la perdurable relevancia de estos temas. La ley sigue siendo fundamental para la identidad y la práctica judías, guiando el comportamiento ético y la observancia religiosa. El pacto representa el compromiso inmutable de Dios con su pueblo, proporcionando una base para la esperanza y la resiliencia incluso en tiempos de exilio y dificultades. La Septuaginta, como traducción utilizada por muchos judíos en el mundo helenístico, ayudó a preservar y transmitir estos aspectos centrales de la fe y la tradición judías.

El tema del pacto y la ley en la Septuaginta es rico y multifacético. Abarca las promesas y requisitos de Dios, el marco ético y religioso de la vida israelita y la relación dinámica entre Dios y su pueblo. Al explorar estos temas, la Septuaginta proporciona una visión profunda de los fundamentos teológicos del judaísmo y el cristianismo, destacando la continuidad y el desarrollo de la fe bíblica en diferentes idiomas y contextos culturales. El pacto y la ley siguen siendo fundamentales para comprender la narrativa bíblica y su significado continuo para la fe y la práctica.

Profecía y cumplimiento

El tema de la profecía y su cumplimiento es un aspecto significativo de la Septuaginta, que ilustra la creencia de que las palabras de Dios dichas a través de los profetas se cumplen. La profecía involucra mensajes de Dios sobre eventos futuros, guías y advertencias, a menudo transmitidos a través de individuos elegidos llamados profetas. La Septuaginta, una traducción griega de la Biblia hebrea, presenta estas profecías y su cumplimiento, enfatizando la fidelidad de Dios y el desarrollo de Su plan.

La profecía en la Septuaginta a menudo trata de promesas de restauración y juicio venidero. Por ejemplo, el libro de Isaías contiene numerosas profecías sobre el futuro de Israel y la venida de una figura mesiánica. Isaías 7:14 habla de una virgen que concibió y dio a luz un hijo llamado Emanuel, que significa "Dios con nosotros". Este pasaje es interpretado por los cristianos como una profecía sobre el nacimiento de Jesús, destacando la creencia de que la traducción de la Septuaginta apunta al cumplimiento de esta profecía en el Nuevo Testamento.

Otro pasaje profético clave de Isaías se encuentra en Isaías 53, que describe a un siervo sufriente que cargará con los pecados de muchos. Se considera que este pasaje predice el sufrimiento y la muerte sacrificial de Jesús. La traducción de la Septuaginta utiliza un lenguaje que enfatiza el dolor del siervo y el propósito redentor de su sufrimiento. Los cristianos ven esto como una clara predicción de la crucifixión de Jesús y su significado para la salvación.

El libro de Daniel también contiene profecías importantes, en particular las relativas a los reinos futuros y al fin de los tiempos. Daniel 2 y 7 describen visiones de imperios sucesivos, representados por diferentes metales y bestias. Estas visiones se interpretan como predicciones de acontecimientos históricos, como el ascenso y la caída de los imperios babilónico, medopersa, griego y romano. La traducción de estos pasajes que hace la Septuaginta subraya la creencia de que la historia se desarrolla de acuerdo con el plan soberano de Dios. Se considera que la profecía de Daniel sobre un reino futuro que nunca será destruido apunta al reino eterno de Dios.

El profeta Jeremías habla de un nuevo pacto en Jeremías 31:31-34. Este nuevo pacto será diferente del que se hizo con los antepasados cuando salieron de Egipto, ya que estará escrito en sus corazones y no en tablas de piedra. La traducción que hace la Septuaginta de este pasaje resalta la naturaleza interna y transformadora del nuevo pacto. Los cristianos interpretan que esta profecía se cumplió en Jesús, quien estableció un nuevo pacto a través de sus enseñanzas y sacrificio, trayendo una relación más profunda y basada en el corazón con Dios.

En Ezequiel 36:26-27, el profeta habla de Dios dándole a su pueblo un corazón nuevo y un espíritu nuevo, quitando su corazón de piedra y dándoles un corazón de carne. Esta profecía enfatiza la renovación espiritual y la morada del Espíritu de Dios. La Septuaginta tradujo este pasaje de una manera que resalta el poder transformador de la acción de Dios. Los cristianos ven esta profecía cumplida mediante la venida del Espíritu Santo en Pentecostés, permitiendo a los creyentes vivir según los caminos de Dios.

El libro de Miqueas contiene una profecía sobre el lugar de nacimiento de un futuro gobernante. Miqueas 5:2 dice que vendrá un gobernante de Belén, un pequeño pueblo de Judá. Esta profecía es importante para los cristianos, que creen que señala el nacimiento de Jesús en Belén. La traducción de la Septuaginta preserva la importancia de Belén como el lugar de nacimiento profetizado del gobernante mesiánico, reforzando la conexión entre la profecía del Antiguo Testamento y el cumplimiento del Nuevo Testamento.

Zacarías 9:9 profetiza la venida de un rey humilde montado en un asno. Esta profecía se considera cumplida en la entrada triunfal de Jesús en Jerusalén, descrita en los evangelios del Nuevo Testamento. La traducción de la Septuaginta de este pasaje enfatiza la humildad y la naturaleza pacífica del rey, alineándose con la descripción de Jesús como un líder humilde y pacífico. Este cumplimiento subraya el tema de las promesas de Dios que se cumplen de maneras inesperadas y transformadoras.

El libro de los Salmos también contiene elementos proféticos. El Salmo 22, por ejemplo, describe el sufrimiento y la liberación en un lenguaje que los cristianos interpretan como una predicción de la crucifixión de Jesús. Frases como "Me traspasaron las manos y los pies" y "Repartiron entre ellos mis vestidos" se consideran presagios de detalles específicos de la pasión de Jesús. La traducción de estos versículos que hace la Septuaginta resalta su naturaleza profética, reforzando la creencia en su cumplimiento en la narrativa del Nuevo Testamento.

Además de estos ejemplos específicos, la Septuaginta presenta un tema más amplio de profecía y cumplimiento a través de su descripción de la fidelidad de Dios a sus promesas. Las profecías a menudo contienen promesas de restauración, liberación y esperanza, que se consideran cumplidas de diversas maneras a lo largo de la historia. Este tema subraya la creencia de que Dios participa activamente en el mundo, guiando los acontecimientos según su plan y asegurando que sus palabras a través de los profetas se cumplan.

Las opciones de traducción de la Septuaginta a veces reflejan decisiones interpretativas que resaltan el cumplimiento de la profecía. Por ejemplo, ciertas palabras y frases hebreas podrían traducirse de manera que enfaticen sus implicaciones mesiánicas o escatológicas. Esto refleja la comprensión de los textos por parte de los traductores y su deseo de transmitir el significado teológico de las profecías.

El tema de la profecía y el cumplimiento en la Septuaginta es rico y multifacético. Abarca promesas de una figura mesiánica, predicciones de acontecimientos históricos y garantías de la participación continua de Dios en el mundo. A través de la traducción e interpretación de pasajes proféticos, la Septuaginta refuerza la creencia en un Dios fiel y soberano que hace realidad Sus palabras. Este tema es fundamental para las tradiciones judía y cristiana y proporciona una base para comprender el plan de Dios y sus interacciones con la humanidad a lo largo de la historia.

Sabiduría y adoración

La sabiduría y la adoración son temas clave en la Septuaginta, la traducción griega de la Biblia hebrea. Estos temas están profundamente entrelazados y resaltan cómo la comprensión y la reverencia por Dios moldean una vida fiel. Explorar estos temas ayuda a los lectores a apreciar las profundas enseñanzas de la Biblia y su aplicación en la vida diaria.

La sabiduría en la Septuaginta a menudo es personificada y vista como un atributo divino. En el libro de Proverbios, la sabiduría se describe como una mujer que llama a la gente a seguir sus caminos. Proverbios 8, por ejemplo, describe la sabiduría como presente en la creación del mundo, trabajando junto a Dios. Esta personificación de la sabiduría enfatiza su importancia y origen divino, animando a los lectores a buscar la sabiduría como guía para una vida recta.

La Septuaginta también incluye el libro de Sirach (Eclesiástico), que es una rica fuente de literatura sapiencial. Eclesiástico enfatiza que la verdadera sabiduría proviene de Dios y está ligada al temor del Señor, lo que significa tener un profundo respeto y reverencia hacia Dios. Eclesiástico 1:1-4 afirma que toda sabiduría viene del Señor y está con Él para siempre. Esta idea subraya que la comprensión y el conocimiento humanos son regalos de Dios, y ser sabio es alinearse con la voluntad y los mandamientos de Dios.

Otro texto de sabiduría importante en la Septuaginta es el libro de la Sabiduría (Sabiduría de Salomón). Este libro presenta la sabiduría como una virtud esencial que conduce a una vida justa y a la inmortalidad suprema. Sabiduría 7:25-26 describe la sabiduría como el soplo del poder de Dios y una emanación pura de la gloria del Todopoderoso, que refleja la luz de Dios. Esta descripción poética refuerza el concepto de que la sabiduría está estrechamente relacionada con la naturaleza divina y sirve como puente entre la humanidad y Dios.

La adoración, por otro lado, es la respuesta apropiada para reconocer la grandeza y la sabiduría de Dios. La traducción de los Salmos de la Septuaginta, una colección de cánticos y oraciones, proporciona una visión profunda del tema de la adoración. Los Salmos expresan una amplia gama de emociones, desde la alegría y la acción de gracias hasta el lamento y la búsqueda del perdón. Enseñan a los lectores que la adoración implica tanto alabar a Dios por sus poderosas obras como buscar su presencia en tiempos de problemas.

El Salmo 23, uno de los Salmos más famosos, ilustra maravillosamente la confianza y la adoración. Describe a Dios como un pastor que provee, guía y protege. Estas imágenes ayudan a los lectores a comprender que la adoración no se trata solo de cantar alabanzas sino también de confiar en el cuidado y la guía de Dios en la vida cotidiana. Al presentar a Dios como un pastor, el Salmo anima a los lectores a confiar en Él para todas sus necesidades, encarnando una vida de adoración a través de la confianza y la obediencia.

El tema del culto se desarrolla aún más en el contexto del Templo, que desempeña un papel central en la práctica del culto judío. La Septuaginta detalla la construcción y dedicación del Templo, enfatizando su importancia como un lugar donde la presencia de Dios habita entre Su pueblo. La adoración en el Templo implicaba sacrificios, oraciones y rituales que expresaban reverencia y devoción a Dios. Este espacio físico simbolizaba la santidad y majestad de Dios, haciendo del culto un aspecto central de la vida comunitaria e individual.

El libro de Deuteronomio en la Septuaginta también destaca la importancia de la adoración y la obediencia a las leyes de Dios. Deuteronomio 6:4-5, conocido como el Shemá, ordena a los israelitas amar al Señor con todo su corazón, alma y fuerzas. Este pasaje subraya que la adoración no se limita a rituales y sacrificios, sino que implica una devoción incondicional a Dios en todos los aspectos de la vida. Amar a Dios y seguir Sus mandamientos se consideran las formas más elevadas de adoración.

La sabiduría y la adoración no son sólo conceptos abstractos, sino que deben vivirse de manera práctica. El libro de Proverbios, por ejemplo, ofrece consejos prácticos sobre cómo vivir una vida sabia y piadosa. Aborda varios aspectos de la vida diaria, como la honestidad, el trabajo duro, las relaciones y la justicia. Proverbios 3:5-6 aconseja confiar en el Señor con todo tu corazón y no apoyarte en tu propia prudencia, sino reconócelo en todos tus caminos, y Él enderezará tus veredas. Esta enseñanza vincula la sabiduría con la adoración, mostrando que reconocer a Dios en todas las cosas conduce a una vida justa y plena.

El libro de Eclesiastés, también parte de la literatura sapiencial, explora el significado de la vida y la búsqueda de la felicidad. Eclesiastés 12:13 concluye que todo el deber de la humanidad es temer a Dios y guardar Sus mandamientos. Este resumen une los temas de la sabiduría y la adoración, enfatizando que reconocer la soberanía de Dios y vivir de acuerdo con Sus leyes es la esencia de una vida significativa.

Además de las prácticas individuales, la Septuaginta destaca el aspecto comunitario del culto. Las festividades y días santos prescritos en la Torá eran momentos en que la comunidad se reunía para celebrar y adorar a Dios. Estas reuniones reforzaron la identidad colectiva de los israelitas como pueblo elegido de Dios y brindaron oportunidades para enseñar y transmitir sabiduría de generación en generación.

Además, los libros proféticos de la Septuaginta a menudo llaman a la gente a regresar a la verdadera adoración y sabiduría. Profetas como Isaías y Jeremías critican los rituales vacíos y enfatizan la necesidad de una adoración genuina que refleje justicia, misericordia y humildad. Isaías 1:17, por ejemplo, insta a la gente a buscar justicia, alentar a los oprimidos, defender la causa de los huérfanos y defender el caso de la viuda. Este mensaje profético alinea la sabiduría con la vida ética y la adoración verdadera, enfatizando que la adoración sin rectitud no tiene sentido.

Los temas de la sabiduría y la adoración en la Septuaginta están profundamente interconectados y son fundamentales para comprender una vida dedicada a Dios. La sabiduría, vista como un don divino, guía a las personas en una vida recta y les ayuda a comprender los caminos de Dios. La adoración, tanto en la devoción individual como en las prácticas comunitarias, es la respuesta apropiada para reconocer la grandeza y la sabiduría de Dios. Juntos, estos temas proporcionan un marco integral para vivir una vida que honre y glorifique a Dios. Las enseñanzas de la Septuaginta sobre la sabiduría y la adoración continúan inspirando e instruyendo a los lectores, ofreciendo una guía eterna para una vida fiel y significativa.

CAPÍTULO 5

Temas clave en el Nuevo Testamento griego

El Reino de Dios

El concepto del Reino de Dios es un tema central en el Nuevo Testamento griego y desempeña un papel crucial en la teología cristiana. Significa el gobierno soberano de Dios y la realización de Su plan divino para la humanidad. El Reino de Dios se menciona con frecuencia en las enseñanzas de Jesús, lo que refleja su importancia y poder transformador.

La frase "Reino de Dios" aparece predominantemente en los Evangelios, particularmente en las enseñanzas de Jesús. Por ejemplo, en el Evangelio de Marcos, Jesús comienza su ministerio proclamando: "El tiempo se ha cumplido y el Reino de Dios está cerca;

arrepentíos y creed en el evangelio" (Marcos 1:15). Este anuncio marca el tono del ministerio de Jesús, enfatizando que la llegada del Reino de Dios es inminente y requiere una respuesta de la gente.

El Reino de Dios a menudo se describe como una realidad presente y una esperanza futura. Jesús enseñó que el Reino de Dios ya está presente entre sus seguidores. En Lucas 17:20-21, Jesús dice: "El Reino de Dios no viene con señales visibles, ni dirán: '¡Mira, aquí está!' o '¡Ahí!' Porque he aquí, el Reino de Dios está entre vosotros." Esto indica que el Reino no es sólo un acontecimiento futuro lejano sino algo que se puede experimentar en el aquí y ahora viviendo según la voluntad de Dios.

Las parábolas de Jesús proporcionan vívidas ilustraciones del Reino de Dios. La parábola de la semilla de mostaza (Mateo 13:31-32) describe que el Reino comienza siendo pequeño pero crece hasta convertirse en algo grande y expansivo. De manera similar, la parábola de la levadura (Mateo 13:33) muestra cómo la influencia del Reino se extiende gradualmente e impregna todos los aspectos de la vida. Estas parábolas resaltan la naturaleza transformadora y omnipresente del gobierno de Dios.

El Reino de Dios también tiene implicaciones éticas y morales. Jesús enseñó que entrar al Reino requiere una transformación radical de corazón y comportamiento. En el Sermón del Monte, que se encuentra en los capítulos 5-7 de Mateo, Jesús describe los valores y actitudes que caracterizan la vida en el Reino. Pide humildad, misericordia, pureza de corazón y compromiso con la justicia. Las Bienaventuranzas (Mateo 5:3-12) describen específicamente la bienaventuranza de quienes exhiben estos valores del Reino.

El perdón y la reconciliación son también aspectos clave del Reino de Dios. En el Padrenuestro, Jesús enseña a sus discípulos a orar: "Venga tu Reino, hágase tu voluntad en la tierra como en el cielo"

(Mateo 6:10). Esta oración refleja el deseo de que el gobierno de Dios se realice plenamente en la tierra, trayendo justicia, paz y rectitud. Además, la parábola del siervo que no perdona (Mateo 18:23-35) enfatiza la importancia del perdón dentro del Reino, destacando que aquellos que han recibido la misericordia de Dios también deben extenderla a los demás.

El Reino de Dios está inherentemente ligado a la persona y obra de Jesucristo. A lo largo del Nuevo Testamento, Jesús es retratado como el Rey que inaugura y encarna el Reino. Sus milagros, enseñanzas y actos de compasión son señales de que el Reino irrumpe en el mundo. Por ejemplo, en Mateo 12:28, Jesús dice: "Si yo echo fuera los demonios por el Espíritu de Dios, entonces el Reino de Dios ha llegado a vosotros". Esto demuestra que el ministerio de Jesús es una manifestación directa del poder del Reino de Dios.

Además, el Reino de Dios abarca tanto la transformación individual como la renovación social. Las enseñanzas de Jesús desafían las normas sociales y abogan por la justicia y el cuidado de los marginados. En Lucas 4:18-19, Jesús lee al profeta Isaías, declarando su misión de "proclamar buenas nuevas a los pobres... para liberar a los oprimidos". Esta declaración de misión subraya la preocupación del Reino por aquellos que a menudo son ignorados y oprimidos, y pide una comunidad caracterizada por el amor y la justicia.

El aspecto futuro del Reino de Dios también se enfatiza en el Nuevo Testamento. Jesús habla de un tiempo futuro en el que el gobierno de Dios estará plenamente establecido. La parábola de las ovejas y las cabras (Mateo 25:31-46) describe un juicio final en el que los individuos son responsables de sus acciones, particularmente de cómo trataron a los más pequeños entre ellos. Esta dimensión futura del Reino resalta la esperanza de justicia y restauración definitivas.

En el libro de Apocalipsis se describe vívidamente la culminación del Reino de Dios. Apocalipsis 11:15 declara: "El reino del mundo ha venido a ser el Reino de nuestro Señor y de su Cristo, y él reinará por los siglos de los siglos". Esta visión del reino eterno de Dios y Cristo asegura a los creyentes que a pesar de las luchas e injusticias actuales, el gobierno soberano de Dios finalmente prevalecerá.

El Reino de Dios también tiene implicaciones importantes para la identidad y la misión cristianas. Los seguidores de Jesús están llamados a ser embajadores del Reino y a vivir de una manera que refleje el reinado de Dios. Esto implica encarnar valores del Reino como el amor, la justicia y la paz en su vida diaria. La Gran Comisión (Mateo 28:19-20) instruye a los creyentes a hacer discípulos en todas las naciones, difundiendo el mensaje del Reino y enseñando a otros a observar los mandamientos de Jesús.

El concepto del Reino de Dios en el Nuevo Testamento griego es un tema central y multifacético que moldea profundamente la teología cristiana. Representa el gobierno soberano de Dios, presente en el ministerio de Jesús y futuro en su plena realización. El Reino exige una transformación radical de los individuos y las sociedades, enfatizando los valores de justicia, misericordia y rectitud. A través de parábolas, enseñanzas y acciones, Jesús revela la naturaleza del Reino e invita a todos a participar en su realidad dadora de vida. La esperanza del Reino asegura a los creyentes la victoria final de Dios y la restauración de todas las cosas, inspirándolos a vivir como testigos fieles del reino de Dios.

Salvación y Redención

La salvación y la redención son temas centrales en el Nuevo Testamento y tienen un profundo significado teológico. Se refieren a la obra de Dios al rescatar a la humanidad del pecado y sus consecuencias y restaurar la relación entre Dios y las personas.

La salvación, en el Nuevo Testamento, se entiende como liberación del pecado y de sus efectos. Esta liberación se logra a través de Jesucristo. Uno de los pasajes clave que resalta este tema es Juan 3:16, que dice: "Porque tanto amó Dios al mundo que dio a su único Hijo, para que todo aquel que cree en él no perezca, sino que tenga vida eterna". Este versículo resume la esencia de la salvación: el amor de Dios, el don de su Hijo y la promesa de vida eterna para quienes creen.

Otro pasaje importante es Efesios 2:8-9, que dice: "Porque por gracia sois salvos mediante la fe; y esto no de vosotros, sino que es don de Dios, no por obras, para que nadie puede presumir." Esto enfatiza que la salvación es un regalo de Dios, no algo ganado por el esfuerzo humano. Destaca el papel de la gracia, que es el favor inmerecido de Dios, y la fe, que es confiar en Jesucristo.

La redención, estrechamente relacionada con la salvación, implica la idea de ser recomprado o liberado de la esclavitud. En el contexto del Nuevo Testamento, significa ser liberado de la esclavitud del pecado mediante la muerte en sacrificio de Jesús. Un pasaje clave que ilustra esto es 1 Pedro 1:18-19, que dice: "Porque sabéis que no con cosas corruptibles como plata u oro fuisteis redimidos de la vida vacía que os fue transmitida desde vuestro antepasados, sino con la preciosa sangre de Cristo, cordero sin mancha ni defecto." Este pasaje resalta el costo de la redención: la sangre de Jesús, que significa Su muerte en la cruz.

Romanos 3:23-24 explica con más detalle este concepto: "Por cuanto todos pecaron y están destituidos de la gloria de Dios, y todos son justificados gratuitamente por su gracia, mediante la redención que fue realizada por Cristo Jesús". Esto subraya que todos necesitamos la redención porque todos hemos pecado, pero la redención está disponible para todos a través de Jesús.

El Nuevo Testamento también enfatiza que la salvación y la redención no son sólo promesas futuras sino realidades presentes. En Colosenses 1:13-14, Pablo escribe: "Porque él nos libró del dominio de las tinieblas y nos introdujo en el reino del Hijo amado, en quien tenemos la redención, el perdón de los pecados". Este pasaje muestra que los creyentes ya están experimentando los beneficios de la salvación y la redención, siendo transferidos de las tinieblas a la luz y recibiendo el perdón.

El tema de la salvación está también vinculado al concepto de vida nueva. En 2 Corintios 5:17, Pablo declara: "De modo que si alguno está en Cristo, nueva creación es; lo viejo pasó, ¡he aquí lo nuevo!". Esto significa que a través de la salvación, los creyentes son transformados y reciben una nueva identidad en Cristo. Esta nueva vida se caracteriza por vivir según la voluntad de Dios y reflejar Su amor y gracia a los demás.

Además, el Nuevo Testamento enseña que la salvación y la redención implican una relación personal con Dios. En Juan 10:27-28, Jesús dice: "Mis ovejas escuchan mi voz; yo las conozco, y ellas me siguen. Yo les doy vida eterna, y no perecerán jamás; nadie las arrebatará de mi mano. " Esta imagen del pastor y la oveja enfatiza la cercanía y seguridad de la relación entre Jesús y sus seguidores, resaltando el aspecto personal de la salvación.

Otro aspecto importante de la salvación y la redención es el papel del Espíritu Santo. En Tito 3:5-6, Pablo escribe: "Él nos salvó, no por la justicia que habíamos hecho, sino por su misericordia. Nos salvó por el lavamiento de la renacimiento y de la renovación por el Espíritu Santo, el cual derramó". sobre nosotros generosamente por Jesucristo nuestro Salvador." Este pasaje muestra que el

Espíritu Santo está involucrado en el proceso de salvación, provocando el renacimiento y la renovación espiritual.

El Nuevo Testamento también presenta la salvación y la redención con implicaciones comunitarias. Los creyentes son parte del cuerpo de Cristo, la iglesia, que es una comunidad de aquellos que han sido salvos y redimidos. En 1 Corintios 12:12-13, Pablo explica: "Así como el cuerpo, aunque es uno, tiene muchos miembros, pero todos sus muchos miembros forman un solo cuerpo, así también Cristo, porque todos fuimos bautizados por un solo Espíritu, para que para formar un solo cuerpo; ya sean judíos o gentiles, esclavos o libres y a todos se nos dio a beber de un solo Espíritu." Esto enfatiza que la salvación lleva a los individuos a una nueva comunidad donde están unidos en Cristo.

Además, el Nuevo Testamento enseña que la salvación y la redención conducen a una vida de servicio y buenas obras. En Efesios 2:10, Pablo escribe: "Porque somos obra de Dios, creados en Cristo Jesús para hacer buenas obras, las cuales Dios preparó de antemano para que las hiciéramos". Esto indica que si bien las buenas obras no son el medio de salvación, son el resultado de ella. Los creyentes están llamados a vivir su fe mediante acciones que reflejen el amor y la justicia de Dios.

El cumplimiento máximo de la salvación y la redención se ve en la esperanza de la vida eterna y la promesa de la resurrección. En 1 Corintios 15:20-22, Pablo explica: "Pero Cristo a la verdad resucitó de entre los muertos, primicias de los que durmieron. Porque por cuanto la muerte entró por un hombre, también por un hombre viene la resurrección de los muertos". . Porque así como en Adán todos mueren, así en Cristo todos serán vivificados." Este pasaje destaca la victoria sobre la muerte que asegura la resurrección de Jesús y la esperanza futura de resurrección para todos los creyentes.

La salvación y la redención son temas fundamentales en el Nuevo Testamento que resumen la obra de Dios al rescatar a la humanidad del pecado y restaurar la relación entre Dios y las personas. Estos temas están ricamente ilustrados a través de pasajes clave que enfatizan el amor, la gracia y la muerte sacrificial de Jesús de Dios. La salvación y la redención son realidades presentes que generan nueva vida, relación personal con Dios y membresía en una comunidad de fe. También piden una vida transformada caracterizada por buenas obras y servicio, con la esperanza última de la vida eterna y la resurrección. Estas profundas verdades continúan inspirando y guiando a los creyentes en su camino de fe.

Amor y comunidad

El Nuevo Testamento pone un énfasis significativo en los temas del amor y la comunidad, que fueron cruciales para las primeras comunidades cristianas y siguen siendo muy relevantes hoy en día. Estos temas están entretejidos en las enseñanzas de Jesús y los escritos de los apóstoles, formando el fundamento de la ética y las relaciones cristianas.

El amor, como se enseña en el Nuevo Testamento, es el mandamiento más grande y la esencia de la vida cristiana. Jesús resumió la ley en dos mandamientos: "Amarás al Señor tu Dios con todo tu corazón, y con toda tu alma y con toda tu mente" y "Amarás a tu prójimo como a ti mismo" (Mateo 22:37-39). Este doble mandamiento subraya que el amor a Dios y el amor a los demás están inseparablemente vinculados. El primer mandamiento se centra en la devoción total a Dios, mientras que el segundo enfatiza la compasión y el cuidado de los demás.

El famoso "capítulo del amor" de 1 Corintios 13, escrito por el apóstol Pablo, ofrece una descripción profunda del amor. Pablo escribe: "El amor es paciente, el amor es bondadoso. No tiene envidia, no se jacta, no es orgulloso. No deshonra a los demás, no es egoísta, no se enoja fácilmente, no lleva cuentas. de males" (1 Corintios 13:4-5). Este pasaje destaca las cualidades del amor que los cristianos están llamados a encarnar en sus interacciones con los demás. El amor se describe como desinteresado, duradero y perdonador, lo que refleja la naturaleza del amor de Dios por la humanidad.

El Nuevo Testamento también enseña que el amor es la marca distintiva de los discípulos de Jesús. En Juan 13:34-35, Jesús dice: "Un mandamiento nuevo os doy: que os améis unos a otros. Como yo os he amado, así también os améis unos a otros. En esto todos sabrán que sois mis discípulos, si amarse unos a otros." Este mandamiento enfatiza que la forma en que los cristianos se tratan unos a otros debe ser un reflejo del amor sacrificial de Jesús. También indica que la comunidad cristiana debe caracterizarse por el amor y el cuidado mutuos, que sirven como testimonio poderoso al mundo.

Las primeras comunidades cristianas eran conocidas por su sentido de unidad y apoyo mutuo, que eran expresiones de su amor mutuo. En Hechos 2:44-47, leemos acerca de los creyentes en Jerusalén: "Todos los creyentes estaban juntos y tenían todo en común. Vendían propiedades y posesiones para dárselas a cualquiera que tuviera necesidad. Todos los días continuaban reuniéndose en el atrios del templo, partían el pan en sus casas y comían juntos con corazones alegres y sinceros, alabando a Dios y gozando del favor de todo el pueblo". Este pasaje ilustra la vida comunitaria de los primeros cristianos, quienes compartían sus recursos, se apoyaban unos a otros y adoraban juntos. Su amor y generosidad crearon un fuerte sentido de comunidad y atrajeron a otros a su fe.

Las cartas de Pablo a varias iglesias a menudo abordan cuestiones de amor y comunidad. En Romanos 12:9-10, Pablo escribe: "El amor debe ser sincero. Aborreced el mal, aferraos al bien. Sed dedicados unos a otros en amor. Honraos unos a otros más que a vosotros mismos". Esta exhortación anima a los creyentes a tener un amor genuino unos por otros, a priorizar el bienestar de los demás y a vivir en armonía. Pablo también enfatiza la importancia de llevar las cargas unos de otros en Gálatas 6:2, donde dice: "Llevad las cargas unos de otros, y así cumpliréis la ley de Cristo". Esta enseñanza destaca el papel de la comunidad a la hora de brindar apoyo y aliento.

El tema del amor se extiende más allá de la comunidad cristiana para incluir el amor por todas las personas, incluso los enemigos. En el Sermón de la Montaña, Jesús enseña: "Amad a vuestros enemigos y orad por los que os persiguen, para que seáis hijos de vuestro Padre que está en los cielos" (Mateo 5:44-45). Este llamado radical al amor extiende el alcance del amor cristiano para incluir a aquellos que pueden ser difíciles de amar, demostrando el poder transformador del amor para derribar barreras y promover la reconciliación.

No se puede subestimar la importancia de estos temas para el mundo actual. En una época en la que muchas sociedades experimentan división, conflicto y aislamiento, las enseñanzas del Nuevo Testamento sobre el amor y la comunidad ofrecen una visión convincente para un mundo más compasivo y unido. El llamado a amar a los demás desinteresadamente, a apoyar a los necesitados y a construir comunidades inclusivas resuena con los problemas y desafíos contemporáneos.

Además, el énfasis en el amor como virtud central de la fe cristiana anima a las personas a reflexionar sobre sus relaciones e interacciones. Desafía a los creyentes a cultivar cualidades como la paciencia, la bondad y el perdón en su vida diaria. En un mundo caracterizado a menudo por el egoísmo y la competencia, el llamado del Nuevo Testamento a amar y servir a los demás presenta una forma de vida contracultural que puede traer sanación y transformación.

El concepto de comunidad, tal como se enseña en el Nuevo Testamento, también tiene implicaciones importantes en la forma en que las personas se relacionan entre sí. Fomenta la formación de comunidades donde las personas sean valoradas, apoyadas y empoderadas. El modelo cristiano primitivo de compartir recursos y atender las necesidades de los demás proporciona un modelo para crear sociedades más equitativas y justas. Exige un cambio del individualismo a una mentalidad colectiva en la que se dé prioridad al bienestar de los demás.

En las comunidades eclesiales modernas, estos temas a menudo se enfatizan a través de actos de servicio, iniciativas de justicia social y culto comunitario. Las iglesias y organizaciones cristianas de todo el mundo participan en actividades que reflejan las enseñanzas del Nuevo Testamento sobre el amor y la comunidad, como alimentar a los hambrientos, cuidar a los enfermos, defender a los marginados y fomentar entornos inclusivos.

Los temas del amor y la comunidad son fundamentales para el mensaje del Nuevo Testamento y esenciales para comprender la práctica cristiana primitiva. Enfatizan la importancia del amor desinteresado, el apoyo mutuo y la unidad entre los creyentes. Estos temas no sólo dieron forma a las primeras comunidades cristianas sino que también ofrecen principios eternos que siguen siendo relevantes para la sociedad contemporánea. Al adoptar estas enseñanzas, las personas y las comunidades pueden contribuir a un mundo más compasivo, justo y unido, que rcflcjc cl poder transformador del amor de Dios.

CAPÍTULO 6

Análisis comparativo: la Septuaginta y la Biblia hebrea

Diferencias en el contenido textual

La Septuaginta y la Biblia hebrea son dos versiones de las Escrituras del Antiguo Testamento, cada una con características únicas y diferencias significativas. Comprender estas diferencias es esencial para los estudios bíblicos y para apreciar cómo estos textos han dado forma a las tradiciones religiosas.

Una de las diferencias más notables entre la Septuaginta y la Biblia hebrea es el idioma en el que fueron escritas. La Biblia hebrea, también conocida como Tanaj, está escrita principalmente en hebreo, con algunas partes en arameo. La Septuaginta, por otra parte, es una traducción griega de las Escrituras hebreas. Esta traducción se inició en el siglo III a. C. para la comunidad judía de Alejandría, Egipto, donde el griego era el idioma común.

El contenido textual de la Septuaginta y la Biblia hebrea también varía. Una diferencia significativa es el orden de los libros. La Biblia hebrea se divide en tres secciones: la Torá (Ley), los Nevi'im (Profetas) y los Ketuvim (Escritos). La Septuaginta sigue un orden diferente, más similar al Antiguo Testamento cristiano, agrupando los libros en categorías como el Pentateuco, los Libros Históricos, la Literatura Sapiencia y los Profetas. Esta reordenación puede afectar la forma en que se leen y entienden los textos, destacando diferentes conexiones temáticas.

Otra diferencia clave es la inclusión de libros y pasajes adicionales en la Septuaginta que no se encuentran en la Biblia hebrea. Estos textos adicionales, a menudo denominados libros apócrifos o deuterocanónicos, incluyen obras como Tobías, Judit, La Sabiduría de Salomón, Eclesiástico, Baruc y 1 y 2 Macabeos. La inclusión de estos libros en la Septuaginta significa que contiene una gama más amplia de literatura, que refleja los diversos intereses y perspectivas teológicas de la comunidad de la diáspora judía.

Las diferencias en el contenido textual también se pueden ver en las variaciones dentro de los propios libros. Por ejemplo, el Libro de Jeremías en la Septuaginta es aproximadamente una octava parte más corto que la versión de la Biblia hebrea. También presenta el material en un orden diferente. Otro ejemplo es el Libro de Daniel, donde la Septuaginta incluye secciones adicionales como la Oración de Azarías, el Cántico de los Tres Santos Niños, Susana y Bel y el Dragón, que no se encuentran en el texto hebreo.

Estas diferencias tienen implicaciones significativas sobre cómo se interpretan y entienden los textos. Por ejemplo, los libros y pasajes adicionales de la Septuaginta brindan información sobre el pensamiento y la práctica judíos durante el período del Segundo Templo, una época de considerable diversidad y desarrollo dentro del judaísmo. Estos textos pueden arrojar luz sobre temas teológicos, acontecimientos históricos y prácticas culturales que no se tratan en la Biblia hebrea.

Las variaciones en el texto también pueden afectar las interpretaciones teológicas. Por ejemplo, las diferentes extensiones y órdenes de los libros pueden influir en el flujo narrativo y el énfasis temático. Las oraciones e himnos adicionales que se encuentran en la versión de los Setenta de Daniel, por ejemplo, añaden capas de reflexión teológica y uso litúrgico que están ausentes en la versión hebrea.

Además, la traducción de la Septuaginta del hebreo al griego implicó decisiones interpretativas que a veces resultaron en diferencias significativas de significado. Los traductores tenían que elegir cómo traducir las palabras y conceptos hebreos al griego, lo que podía dar lugar a variaciones en la forma en que se entendían ciertos pasajes. Por ejemplo, la palabra hebrea "almah" en Isaías 7:14, que significa "mujer joven", se tradujo al griego como "parthenos", que significa "virgen". Esta elección de traducción ha tenido un profundo impacto en las interpretaciones cristianas de esta profecía como referencia al nacimiento virginal de Jesús.

Estas diferencias textuales también reflejan contextos culturales y lingüísticos más amplios. La Biblia hebrea se produjo dentro del contexto de la antigua cultura y lengua israelita, mientras que la Septuaginta se creó para una audiencia judía helenística que estaba inmersa en la cultura griega. Este contexto influyó no sólo en el idioma de la traducción sino también en la selección y disposición de los textos.

Las diferencias entre la Septuaginta y la Biblia hebrea también influyeron en el desarrollo del cristianismo primitivo. Los primeros cristianos, muchos de los cuales eran de habla griega, utilizaron la Septuaginta como sus escrituras principales. Esto tuvo un impacto duradero en la teología cristiana y la formación del canon bíblico cristiano. Por ejemplo, muchas citas del Antiguo Testamento en el Nuevo Testamento se basan en la Septuaginta, lo que refleja su influencia en el pensamiento y la exégesis de los primeros cristianos.

Además, la inclusión de libros adicionales en la Septuaginta contribuyó a que algunas tradiciones los aceptaran en el canon cristiano del Antiguo Testamento. Si bien las Biblias protestantes suelen seguir el canon de la Biblia hebrea y excluyen los libros apócrifos, las Biblias católicas y ortodoxas los incluyen, siguiendo la tradición más amplia de la Septuaginta.

La Septuaginta y la Biblia hebrea difieren en el idioma, el orden de los libros, la inclusión de textos adicionales y el contenido textual específico. Estas diferencias tienen profundas implicaciones para la interpretación, la reflexión teológica y la comprensión histórica de las tradiciones judía y cristiana. La Septuaginta ofrece una valiosa ventana a la vida y el pensamiento religioso de la diáspora judía durante el período helenístico, mientras que la Biblia hebrea sigue siendo fundamental para la identidad y la práctica religiosa judía. En conjunto, estos textos ofrecen una imagen rica y multifacética de la herencia bíblica.

Variaciones en el énfasis teológico

La Septuaginta y la Biblia hebrea, si bien comparten muchas similitudes, también exhiben diferencias teológicas notables. Estas diferencias surgen de variaciones en la traducción, el contenido textual y los contextos históricos en los que se produjo cada versión. Comprender estas variaciones teológicas es crucial para interpretar ambos textos y apreciar sus respectivas tradiciones religiosas.

Una diferencia teológica significativa entre la Septuaginta y la Biblia hebrea es la descripción de los atributos y acciones divinas. En algunos casos, la Septuaginta enfatiza la trascendencia y soberanía de Dios con más fuerza que el texto hebreo. Por ejemplo, en la Biblia hebrea, Génesis 1:2 describe el Espíritu de Dios flotando sobre las aguas. La Septuaginta traduce esto como el "Espíritu de Dios moviéndose sobre las aguas", lo que puede interpretarse como una presencia divina más dinámica y activa. Estas traducciones pueden influir en las percepciones de los lectores sobre la naturaleza de Dios y su participación en la creación.

Otra variación teológica se ve en la traducción de términos y conceptos específicos. Por ejemplo, la palabra hebrea "Torá", que generalmente significa "ley" o "instrucción", a menudo se traduce en la Septuaginta como "nomos", que significa "ley" en un sentido más legalista. Esta elección de traducción puede cambiar el énfasis de la comprensión más amplia de la Torá como enseñanza divina a un enfoque más limitado sobre las obligaciones legales. En consecuencia, esto afecta cómo se percibe e interpreta la ley judía y su papel en la vida religiosa.

La Septuaginta también refleja diferentes perspectivas teológicas en sus libros y pasajes adicionales, que no están presentes en la Biblia hebrea. Estos textos, a menudo denominados libros apócrifos o deuterocanónicos, presentan temas y conceptos teológicos que pueden diferir de los que se encuentran en la Biblia hebrea. Por ejemplo, el Libro de la Sabiduría, uno de los libros deuterocanónicos, ofrece una teología elaborada de la sabiduría y la justicia divina que no se desarrolla tan explícitamente en la Biblia hebrea. La descripción de la sabiduría como una entidad personificada que ayuda a Dios en la creación y guía a los justos añade una capa de profundidad teológica que influye en cómo los lectores entienden la relación entre Dios, la sabiduría y la humanidad.

Las variaciones en el énfasis teológico también son evidentes en la forma en que se interpretan las profecías mesiánicas. La Septuaginta a veces proporciona traducciones que pueden considerarse más explícitamente mesiánicas que el texto hebreo. Por ejemplo, en Isaías 7:14, la Biblia hebrea usa la palabra "almah", que significa "mujer joven", mientras que la Septuaginta la traduce como "partenos", que significa "virgen". Esta elección de traducción tiene importantes implicaciones teológicas, especialmente para las primeras interpretaciones cristianas que veían este pasaje como una profecía del nacimiento virginal de Jesús. Tales diferencias resaltan cómo la traducción puede moldear la comprensión teológica y el desarrollo doctrinal.

Además, la traducción que hace la Septuaginta de ciertos salmos y textos proféticos refleja un matiz teológico diferente. Por ejemplo, en el Salmo 22, la frase del texto hebreo "como un león en mis manos y pies" se traduce en la Septuaginta como "me traspasaron las manos y los pies". Esta traducción ha tenido un profundo impacto en las interpretaciones cristianas de este salmo como una profecía mesiánica que apunta a la crucifixión de Jesús. La elección de las palabras en la Septuaginta, por lo tanto, tiene peso teológico e influye en la forma en que estos textos se leen y entienden dentro de las diferentes tradiciones religiosas.

Las diferencias teológicas entre la Septuaginta y la Biblia hebrea también se extienden a sus descripciones de la escatología y el más allá. La Septuaginta incluye textos que ofrecen ideas más desarrolladas sobre la vida después de la muerte y el juicio divino. Por ejemplo, el Libro de 2 Macabeos, parte de la Septuaginta pero no de la Biblia hebrea, describe el martirio de los judíos que creen en la resurrección de los muertos y la vida eterna. Estos temas añaden una dimensión a la comprensión judía de la escatología que es menos pronunciada en la Biblia hebrea, afectando así las interpretaciones teológicas sobre el destino de los justos y los malvados.

Las técnicas de traducción y las decisiones interpretativas de la Septuaginta también pueden dar lugar a cambios teológicos. En algunos casos, las elecciones de los traductores reflejan sus propios prejuicios teológicos o la influencia del pensamiento helenístico. Por ejemplo, el concepto de Logos (Palabra) al comienzo del Evangelio de Juan a menudo se vincula a ideas filosóficas helenísticas que también estaban presentes en el contexto cultural de los traductores de la Septuaginta. Esta conexión puede moldear la forma en que los lectores entienden la relación entre la filosofía griega y la teología judía.

Además, la Septuaginta a veces proporciona aclaraciones o ampliaciones que alteran el énfasis teológico de ciertos pasajes. En el Libro de Daniel, las adiciones que se encuentran en la Septuaginta, como la Oración de Azarías y el Cántico de los Tres Santos Niños, introducen temas de liberación divina y fidelidad bajo persecución. Estas adiciones realzan el mensaje teológico del texto, enfatizando la intervención de Dios y el poder de la oración.

Las variaciones en el énfasis teológico entre la Septuaginta y la Biblia hebrea se complican aún más por el hecho de que la Septuaginta fue ampliamente utilizada en el cristianismo primitivo. Muchos de los escritores del Nuevo Testamento citaron la Septuaginta, que influyó en el desarrollo teológico cristiano y la formación del canon bíblico cristiano. Por lo tanto, los matices teológicos de la Septuaginta quedaron arraigados en el pensamiento cristiano primitivo y contribuyeron a la configuración de la doctrina cristiana.

La Septuaginta y la Biblia hebrea exhiben diferencias teológicas significativas debido a variaciones en la traducción, el contenido textual y el contexto histórico. Estas diferencias afectan la forma en que se entienden conceptos clave como los atributos divinos, las profecías mesiánicas, la sabiduría, la ley, la escatología y el más allá. Las opciones de traducción de la Septuaginta y los textos adicionales introducen temas teológicos que influyen en las interpretaciones tanto judías como cristianas. Comprender estas variaciones teológicas es esencial para apreciar la rica y compleja historia de la interpretación bíblica y el desarrollo de las tradiciones religiosas.

Estudios de caso de pasajes específicos

Examinar pasajes específicos que difieren entre la Septuaginta y la Biblia hebrea proporciona información valiosa sobre los procesos de traducción, los matices teológicos y los contextos culturales que dieron forma a estos textos. Aquí, exploraremos algunos ejemplos clave para resaltar las razones de estas diferencias y su importancia.

Un pasaje muy conocido es Isaías 7:14. En la Biblia hebrea, este versículo dice: "Por tanto, el Señor mismo os dará una señal: He aquí, la joven concebirá y dará a luz un hijo, y llamará su nombre Emanuel". La palabra hebrea "almah" significa "mujer joven". Sin embargo, en la Septuaginta, la traducción dice: "Por tanto, el Señor mismo os dará una señal: He aquí, la virgen concebirá y dará a luz un hijo, y llamará su nombre Emanuel", usando la palabra griega "partenos", que específicamente significa "virgen". Esta diferencia tiene profundas implicaciones teológicas, especialmente en la tradición cristiana, donde el versículo es visto como una profecía del nacimiento virginal de Jesús. La elección de "partenos" por los traductores de la Septuaginta refleja su decisión interpretativa, posiblemente influenciada por contextos culturales helenísticos y expectativas teológicas.

Otro ejemplo se encuentra en el Salmo 22:16. La Biblia hebrea dice: "Porque perros me han rodeado; banda de malhechores me ha cercado; como león, están a mis manos y a mis pies". La imagen aquí es la de estar rodeado y amenazado. Sin embargo, la Septuaginta traduce este pasaje como: "Porque perros me han rodeado; una compañía de malhechores me ha cercado; traspasaron mis manos y mis pies". La frase "me traspasaron las manos y los pies" tiene importantes implicaciones mesiánicas, particularmente en las lecturas cristianas del salmo como profecía de la crucifixión de Jesús. Esta elección de traducción puede reflejar la lente interpretativa de los traductores de la Septuaginta y el contexto teológico en el que trabajaban, enfatizando el sufrimiento y el sacrificio de maneras que resonaban con las primeras creencias cristianas.

En el Libro de Jeremías hay diferencias notables tanto en la extensión como en el orden del texto. La versión de Jeremías de la Biblia hebrea es más larga e incluye más oráculos contra varias naciones, mientras que la versión de la Septuaginta es más corta en aproximadamente un octavo y presenta los oráculos en un orden diferente. Por ejemplo, Jeremías 29 en la Biblia hebrea corresponde a Jeremías 36 en la Septuaginta. Estas diferencias estructurales pueden afectar el flujo temático y el énfasis del libro. Las razones de estas diferencias pueden incluir variaciones en las tradiciones manuscritas y las decisiones de los traductores sobre cómo organizar y presentar el material. La versión de la Septuaginta podría reflejar un texto hebreo anterior o alternativo que difería del Texto Masorético, que es la base de la Biblia hebrea.

En Daniel, la Septuaginta incluye secciones adicionales que no se encuentran en la Biblia hebrea, como la Oración de Azarías, el Canto de los Tres Santos Niños y las historias de Susana y Bel y el Dragón. Estas adiciones enfatizan temas de fidelidad, liberación divina y el poder de la oración. Por ejemplo, la Oración de Azarías y el Cántico de los Tres Santos Niños, insertados en la narrativa de Sadrac, Mesac y Abednego en el horno de fuego, añaden una dimensión de oración y alabanza litúrgicas, destacando la intervención de Dios en respuesta a la fidelidad. Estas adiciones reflejan los intereses religiosos y teológicos de la comunidad judía helenística para quienes se tradujo la Septuaginta, subrayando sus prácticas y creencias devocionales.

Otro pasaje con diferencias significativas es Proverbios 3:5-6. La Biblia hebrea dice: "Confía en el Señor con todo tu corazón, y no te apoyes en tu propia prudencia; reconócelo en todos tus caminos, y él enderezará tus veredas". La Septuaginta, sin embargo, dice: "Confía en Dios con todo tu corazón, y no exaltes tu propia sabiduría. Conoce la sabiduría en todos tus caminos, para que dirija correctamente tus senderos". La traducción de la Septuaginta introduce el concepto de sabiduría personificada, alineándose con el pensamiento judío helenístico que enfatizaba la sabiduría como principio rector. Esto refleja un cambio teológico hacia una comprensión de la sabiduría divina como un intermediario a través del cual Dios dirige los asuntos humanos.

Estas diferencias en traducción y contenido textual resaltan los diversos paisajes teológicos en los que se produjeron la Septuaginta y la Biblia hebrea. La Septuaginta a menudo refleja decisiones interpretativas que se alinean con el contexto cultural y religioso del judaísmo helenístico. Estas decisiones pueden dar lugar a énfasis teológicos que difieren de los que se encuentran en la Biblia hebrea, como un mayor enfoque en la profecía mesiánica, la intervención divina y la personificación de la sabiduría.

La importancia de estas diferencias se extiende más allá del estudio académico; Han moldeado profundamente las creencias y prácticas religiosas. Para los primeros cristianos, la Septuaginta era la escritura principal del Antiguo Testamento y sus matices teológicos influyeron en el desarrollo de la doctrina cristiana. Las citas del Antiguo Testamento en el Nuevo Testamento a menudo se basan en la Septuaginta, incorporando sus interpretaciones en fundamentos teológicos cristianos.

En la tradición judía, las diferencias entre la Septuaginta y la Biblia hebrea resaltan la diversidad dentro del judaísmo antiguo y las formas en que las comunidades judías adaptaron sus escrituras a nuevos entornos lingüísticos y culturales. La Biblia hebrea, conservada en el Texto Masorético, representa la forma canónica de las Escrituras dentro del judaísmo rabínico, mientras que la Septuaginta refleja la herencia escritural de la diáspora judía.

Examinar pasajes específicos que difieren entre la Septuaginta y la Biblia hebrea revela la compleja interacción de la traducción, la teología y el contexto cultural. Estas diferencias no sólo afectan la interpretación textual sino que también iluminan los desarrollos históricos y religiosos que dieron forma a las tradiciones judía y cristiana. Comprender estas variaciones mejora nuestra apreciación de la naturaleza rica y multifacética de los textos bíblicos.

CAPÍTULO 7

La Septuaginta en el Nuevo Testamento

Citas y referencias

El Nuevo Testamento contiene numerosas citas y referencias a la Septuaginta, que ilustran la profunda influencia de esta traducción griega de las Escrituras hebreas en el pensamiento y la teología de los primeros cristianos. Comprender estas referencias proporciona una idea de cómo los escritores del Nuevo Testamento interpretaron el Antiguo Testamento y lo usaron para transmitir sus mensajes teológicos.

Un ejemplo significativo se encuentra en Mateo 1:23, donde el evangelista cita Isaías 7:14: "He aquí, la virgen concebirá y dará a luz un hijo, y llamarán su nombre Emanuel". Como se analizó anteriormente, la palabra hebrea "almah" en Isaías 7:14, que significa "mujer joven", se traduce en la Septuaginta como "partenos", que significa "virgen". El uso que hace Mateo de la versión de los Setenta subraya la importancia del nacimiento virginal en la teología cristiana y destaca el cumplimiento de la profecía mediante el nacimiento de Jesús. Esta cita demuestra cómo las opciones de traducción de la Septuaginta moldearon la comprensión cristiana primitiva de las profecías mesiánicas.

En Romanos 3:10-18, Pablo cita extensamente los Salmos y a Isaías, utilizando la Septuaginta como fuente. Él escribe: "Ninguno es justo, ni siquiera uno; nadie entiende; nadie busca a Dios. Todos se han desviado; a una se han vuelto inútiles; nadie hace el bien, ni siquiera uno". Este pasaje combina versículos del Salmo 14, Salmo 53 e Isaías 59, todos los cuales reflejan la redacción de la Septuaginta. El uso que hace Pablo de estas citas enfatiza la pecaminosidad universal de la humanidad y la necesidad de la redención divina, temas centrales de su teología. El lenguaje de la Septuaginta proporciona un fundamento bíblico común para el argumento de Pablo, que resuena en su audiencia predominantemente de habla griega.

Otro ejemplo se encuentra en Hebreos 1:6, donde el autor cita Deuteronomio 32:43 de la Septuaginta: "Y otra vez, cuando trae al mundo al primogénito, dice: 'Adórenle todos los ángeles de Dios'". El texto de Deuteronomio 32:43 no incluye esta frase, pero la Septuaginta sí. Esta referencia apoya el argumento del autor sobre la superioridad de Jesús sobre los ángeles y subraya su estatus divino. El uso de la Septuaginta aquí revela cómo los escritores del Nuevo Testamento emplearon las Escrituras griegas para articular sus afirmaciones cristológicas.

En Hechos 2:17-21, Pedro cita Joel 2:28-32 de la Septuaginta en su sermón de Pentecostés: "Y en los últimos días, declara Dios, derramaré mi Espíritu sobre toda carne". La versión de Joel de la

Septuaginta es ligeramente diferente del texto hebreo, pero el uso que hace Pedro resalta el cumplimiento de la profecía mediante el derramamiento del Espíritu Santo. Esta referencia subraya la continuidad entre las profecías del Antiguo Testamento y los acontecimientos de la comunidad cristiana primitiva, reforzando la legitimidad del naciente movimiento cristiano.

Los escritos de Pablo en 1 Corintios 15:54-55 también se basan en la Septuaginta. Él escribe: "Cuando lo corruptible se vista de incorrupción, y lo mortal se vista de inmortalidad, entonces se cumplirá la palabra que está escrita: 'La muerte es devorada en la victoria. Oh muerte, ¿dónde está tu victoria? Oh muerte, ¿dónde está?". ¿Cuál es tu aguijón?'" Este pasaje combina Isaías 25:8 y Oseas 13:14, ambos traducidos en la Septuaginta. El uso que hace Pablo de estos textos enfatiza la victoria sobre la muerte lograda mediante la resurrección de Cristo, un tema central en la escatología cristiana. El lenguaje de victoria y triunfo de la Septuaginta se alinea con el mensaje de esperanza y seguridad de Pablo para los creyentes.

El uso de la Septuaginta también es evidente en el libro del Apocalipsis. En Apocalipsis 1:7, el autor hace referencia a Zacarías 12:10: "He aquí, él viene con las nubes, y todo ojo le verá, incluso los que le traspasaron, y todas las tribus de la tierra harán lamentación por él. " La versión de Zacarías de la Septuaginta difiere ligeramente del texto hebreo, enfatizando la naturaleza visible y universal del regreso de Cristo. Esta referencia resalta la naturaleza profética del Apocalipsis y su dependencia de la interpretación de las profecías del Antiguo Testamento que hace la Septuaginta para transmitir su visión apocalíptica.

Además, en Gálatas 3:10-13, Pablo cita Deuteronomio 27:26 y Habacuc 2:4 de la Septuaginta: "Porque todos los que confían en las obras de la ley, están bajo maldición; porque escrito está: 'Maldito todo aquel que no cumple todas las cosas escritas en el libro de la ley, y las cumple.' Ahora bien, es evidente que nadie es justificado ante Dios por la ley, porque 'el justo por la fe vivirá'". La redacción de la Septuaginta apoya el argumento de Pablo en contra de depender de la ley para la justificación, enfatizando la fe como base de la justicia. Este uso de la Septuaginta subraya el cambio teológico de la Ley Mosaica a la fe en Cristo como medio de salvación.

La importancia de estas citas y referencias radica en su papel en la configuración de la teología del Nuevo Testamento. La Septuaginta proporcionó un fundamento bíblico familiar y autorizado para los primeros cristianos, en particular para los del mundo de habla griega. Al citar y hacer referencia a la Septuaginta, los escritores del Nuevo Testamento pudieron conectar sus enseñanzas con las veneradas tradiciones de las Escrituras judías, al mismo tiempo que enfatizaban las nuevas revelaciones y conocimientos teológicos traídos por Jesucristo.

Además, la influencia de la Septuaginta en la teología del Nuevo Testamento resalta la naturaleza dinámica de la interpretación de las Escrituras. Los traductores de la Septuaginta tomaron decisiones interpretativas que reflejaban su contexto histórico y cultural, que luego fueron reinterpretadas por los escritores del Nuevo Testamento. Este proceso continuo de interpretación y reinterpretación demuestra cómo los textos religiosos pueden evolucionar y adquirir nuevos significados en diferentes comunidades y períodos históricos.

Las citas y referencias del Nuevo Testamento a la Septuaginta ilustran la profunda interconexión entre estos textos y su papel en el desarrollo de la teología cristiana primitiva. El uso de la Septuaginta proporcionó un fundamento bíblico común para articular conceptos teológicos clave, como el nacimiento virginal, la universalidad del pecado, la superioridad de Cristo, el cumplimiento de la profecía y la victoria sobre la muerte. Comprender estas referencias enriquece nuestra apreciación de la profundidad teológica del Nuevo Testamento y su relación con la tradición escritural más amplia.

Implicaciones teológicas

El uso de la Septuaginta en el Nuevo Testamento tiene profundas implicaciones teológicas que dan forma a nuestra comprensión de la teología cristiana primitiva. Al basarse en la traducción griega de las Escrituras hebreas, los escritores del Nuevo Testamento demostraron su creencia en la continuidad entre el Antiguo y el Nuevo Pacto, afirmando que el mensaje de Jesucristo cumplía las promesas hechas a Israel. Esta continuidad es una piedra angular de la teología cristiana, que enfatiza que la venida de Jesús fue parte del plan divino de Dios tal como lo predijeron los profetas.

Una implicación teológica significativa del uso de la Septuaginta en el Nuevo Testamento es la afirmación de Jesús como el cumplimiento de la profecía del Antiguo Testamento. La Septuaginta, con sus particulares opciones de traducción, a menudo proporcionó un vínculo más claro entre las profecías mesiánicas y la vida de Jesús. Por ejemplo, el Evangelio de Mateo cita con frecuencia la Septuaginta para demostrar que los acontecimientos de la vida de Jesús cumplieron profecías específicas. Mateo 1:23, citando Isaías 7:14 de la Septuaginta, destaca el nacimiento virginal, que es crucial para las afirmaciones cristianas sobre la naturaleza divina y la identidad mesiánica de Jesús. Este uso de la Septuaginta refuerza la creencia de que Jesús es el Mesías tan esperado prometido en las Escrituras hebreas.

Además, las opciones de traducción de la Septuaginta a veces ofrecen matices teológicos que los escritores del Nuevo Testamento encontraron significativos. Por ejemplo, en Isaías 7:14, la palabra hebrea "almah" (mujer joven) se traduce como "partenos" (virgen) en la Septuaginta. Esta traducción apoya la doctrina del nacimiento virginal, un aspecto fundamental de la teología cristiana. El hecho de que el Nuevo Testamento se base en esta versión muestra cómo los primeros cristianos interpretaron sus Escrituras de una manera que subrayaba sus convicciones teológicas sobre el nacimiento único y la misión divina de Jesús.

El uso de la Septuaginta también tiene implicaciones para comprender la naturaleza del Nuevo Pacto tal como se presenta en el Nuevo Testamento. El apóstol Pablo, en particular, utiliza con frecuencia la Septuaginta para articular su teología de la salvación y la justificación por la fe. En Romanos 3:10-18, Pablo cita una serie de pasajes del Antiguo Testamento de los Salmos e Isaías, como se encuentran en la Septuaginta, para argumentar que todos los humanos son pecadores y necesitan la gracia de Dios. Esto refuerza la idea de que la ley por sí sola no puede producir justicia; más bien, es a través de la fe en Jesucristo que se alcanza la salvación. El uso que hace Pablo de la Septuaginta aquí subraya la universalidad del pecado y la necesidad de la fe, temas clave en la teología cristiana.

Además, el uso de la Septuaginta en el Nuevo Testamento resalta la comprensión cristiana primitiva de las Escrituras como una palabra dinámica y viva. La Septuaginta fue más que una simple traducción; fue una interpretación que abordó las necesidades y el contexto de la diáspora judía. Los primeros cristianos, en particular los que escribían en griego, encontraron en la Septuaginta una escritura que resonaba con su contexto lingüístico y cultural. Esto ilustra cómo se entendía las Escrituras como una tradición viva que podía hablar de manera nueva a cada generación y entorno cultural. El compromiso de los escritores del Nuevo Testamento con la Septuaginta muestra su compromiso de interpretar y aplicar las Escrituras de maneras que fueran relevantes y significativas para sus comunidades.

Teológicamente, el uso de la Septuaginta en el Nuevo Testamento también subraya el concepto de inspiración y providencia divinas. Los primeros cristianos creían que el mismo Espíritu Santo que inspiró las Escrituras hebreas también guió la traducción de la Septuaginta y la redacción del Nuevo Testamento. Esta creencia en la inspiración divina se extendió a su comprensión de cómo las representaciones e interpretaciones particulares de la Septuaginta eran parte de la revelación de Dios en desarrollo. Esta perspectiva teológica refuerza la unidad y coherencia de toda la narrativa bíblica, desde el Antiguo Testamento hasta el Nuevo Testamento.

Además, la dependencia del Nuevo Testamento de la Septuaginta tiene implicaciones para comprender la inclusividad del mensaje cristiano. La Septuaginta fue ampliamente utilizada en el mundo helenístico, haciendo que las escrituras judías fueran accesibles a una audiencia más amplia más allá de la comunidad de habla hebrea. Al citar y hacer referencia a la Septuaginta, los escritores del Nuevo Testamento enfatizaron que el mensaje de Jesús era para todas las personas, tanto judíos como gentiles. Esto se alinea con la misión cristiana primitiva de difundir el evangelio hasta los confines de la tierra, destacando la universalidad de la fe cristiana.

Las implicaciones teológicas también se extienden a la comprensión cristiana primitiva de la naturaleza de Dios. La descripción que hace la Septuaginta del carácter y las acciones de Dios a menudo proporcionó el marco para la teología del Nuevo Testamento. Por ejemplo, la representación de Dios como libertador y salvador en la Septuaginta informa la descripción del Nuevo Testamento de Jesús como el salvador supremo que libera a la humanidad del pecado y la muerte. Esta continuidad en la descripción de la naturaleza de Dios refuerza la creencia en la coherencia y fidelidad del carácter de Dios en ambos pactos.

Además, la influencia de la Septuaginta es evidente en las enseñanzas éticas del Nuevo Testamento. Muchas instrucciones éticas del Nuevo Testamento hacen eco de las enseñanzas morales que se encuentran en la Septuaginta. Por ejemplo, el Sermón de la Montaña en Mateo 5-7 se basa en temas de los Salmos y Proverbios tal como se presentan en la Septuaginta, como el llamado a la justicia, la misericordia y la pacificación. Esto demuestra cómo la visión ética del Antiguo Testamento, mediada por la Septuaginta, continuó dando forma a las enseñanzas morales cristianas.

El uso de la Septuaginta en el Nuevo Testamento tiene implicaciones teológicas profundas y de largo alcance. Afirma la continuidad entre el Antiguo y el Nuevo Pacto, destaca el cumplimiento de la profecía en Jesús y subraya doctrinas clave como el nacimiento virginal y la justificación por la fe. La influencia de la Septuaginta en la teología del Nuevo Testamento también revela la naturaleza dinámica de las Escrituras, la creencia en la inspiración divina y la inclusividad del mensaje cristiano. Comprender estas implicaciones enriquece nuestra apreciación de la interconexión de la narrativa bíblica y los fundamentos teológicos de la fe cristiana.

Estudios de caso de referencias clave

Una de las referencias más notables a la Septuaginta en el Nuevo Testamento se encuentra en el Evangelio de Mateo. En Mateo 1:23, el autor cita Isaías 7:14, que en la Septuaginta dice: "He aquí, la virgen concebirá y dará a luz un hijo, y llamarán su nombre Emanuel". Esta cita es significativa porque apoya la doctrina del nacimiento virginal de Jesús. El texto hebreo usa la palabra "almah", que significa mujer joven, mientras que la Septuaginta la traduce como "partenos", que significa virgen. Esta elección de traducción en la Septuaginta proporcionó una conexión clara para los primeros cristianos entre la profecía y el nacimiento milagroso de Jesús, reforzando su creencia en su naturaleza divina y el cumplimiento de la profecía del Antiguo Testamento.

Otra referencia clave a la Septuaginta en el Nuevo Testamento se encuentra en Hebreos 1:6. Este versículo cita Deuteronomio 32:43 de la Septuaginta: "Adórenle todos los ángeles de Dios". Esta cita es significativa porque subraya la divinidad y supremacía de Jesucristo. La versión hebrea de este pasaje no incluye la referencia a la adoración de ángeles, pero la Septuaginta sí. El autor de Hebreos usa esto para argumentar que Jesús es superior a los ángeles, un tema central en la epístola. Este uso de la Septuaginta demuestra cómo los primeros cristianos interpretaron sus Escrituras para enfatizar el estatus exaltado de Jesús.

En Hechos 7:14, el discurso de Esteban ante el Sanedrín incluye una referencia a Génesis 46:27 de la Septuaginta. Esteban dice: "José envió a buscar a su padre Jacob y a todos sus parientes, setenta y cinco en total". El texto hebreo de Génesis 46:27

menciona setenta personas, pero la Septuaginta enumera setenta y cinco. Esta discrepancia resalta las variaciones entre los textos hebreo y griego. El uso que hace Esteban de la figura de la Septuaginta en su discurso muestra la aceptación y el uso de la Septuaginta en la comunidad cristiana primitiva, especialmente en las regiones de habla griega. Esta referencia también subraya la importancia de la Septuaginta en la transmisión e interpretación de la historia bíblica.

Las cartas de Pablo están ricas en referencias a la Septuaginta. En Romanos 3:10-18, Pablo entreteje una serie de citas del Antiguo Testamento para resaltar la universalidad del pecado. Muchas de estas citas están tomadas de los Salmos tal como aparecen en la Septuaginta. Por ejemplo, Romanos 3:13 cita el Salmo 5:9 de la Septuaginta: "Sepulcro abierto es su garganta; engañan con su lengua". Al utilizar la Septuaginta, Pablo se basa en una versión muy conocida y respetada de las Escrituras entre su audiencia de habla griega. Este método también resalta la continuidad entre las escrituras judías y su mensaje sobre la pecaminosidad humana y la necesidad de redención a través de Cristo.

En el Evangelio de Juan, otra referencia significativa a la Septuaginta se encuentra en Juan 12:40, donde el autor cita Isaías 6:10. La versión de los Setenta de este versículo dice: "Él cegó sus ojos y endureció su corazón, para que no vean con los ojos y entiendan con el corazón, y se conviertan, y yo los sanaré". Esta cita se utiliza para explicar por qué muchos no creyeron en Jesús a pesar de sus señales y maravillas. El uso de la Septuaginta aquí enfatiza el cumplimiento de la profecía de Isaías en el rechazo de Jesús por parte de muchos de sus contemporáneos. También refleja la interpretación teológica de que tal incredulidad era parte del plan soberano de Dios.

Otro caso interesante lo encontramos en el Libro del Apocalipsis. Apocalipsis 2:27 cita el Salmo 2:9 de la Septuaginta: "Los regirá con vara de hierro, como cuando se rompen en pedazos vasijas de barro". El texto hebreo dice "Los quebrantarás con vara de hierro". La traducción de la Septuaginta se alinea con las imágenes del Apocalipsis, que representan la autoridad y el poder de Cristo en el juicio. Esta referencia muestra cómo la redacción de la Septuaginta puede dar forma a las imágenes escatológicas y los temas teológicos del Nuevo Testamento, particularmente aquellos relacionados con el reinado y el juicio final de Cristo.

En 1 Pedro 2:9, Pedro se basa en Éxodo 19:6 e Isaías 43:20-21 tal como se encuentran en la Septuaginta, describiendo a los creyentes como "un linaje escogido, un real sacerdocio, una nación santa, un pueblo para su posesión. " La interpretación que hace la Septuaginta de estos pasajes del Antiguo Testamento proporcionó una base teológica para comprender la identidad de la comunidad cristiana. Esta referencia enfatiza la continuidad del plan de Dios desde Israel hasta la iglesia, mostrando que los primeros cristianos se veían a sí mismos como parte de la historia redentora en curso de Dios, como se profetizó en las Escrituras hebreas y se aclaró en la Septuaginta.

El Libro de Santiago también contiene referencias a la Septuaginta. En Santiago 4:6, el autor cita Proverbios 3:34 de la Septuaginta: "Dios resiste a los soberbios pero da gracia a los humildes". Esta cita subraya una enseñanza ética clave en el Nuevo Testamento sobre la humildad y la confianza en la gracia de Dios. La redacción de la Septuaginta se alinea estrechamente con los temas de sabiduría y conducta ética que James enfatiza a lo largo de su carta.

Estos estudios de caso de referencias del Nuevo Testamento a la Septuaginta ilustran el profundo impacto de la Septuaginta en la teología cristiana primitiva y la interpretación de las Escrituras. La Septuaginta no sólo proporcionó un puente lingüístico para los judíos de habla griega y los primeros cristianos, sino que también dio forma a conceptos teológicos y formulaciones doctrinales. Al analizar estas referencias, obtenemos una idea de cómo la iglesia primitiva entendió y aplicó el Antiguo Testamento a la luz de la vida, muerte y resurrección de Jesucristo. La Septuaginta sirvió como herramienta crucial para articular la continuidad y el cumplimiento de las promesas de Dios, reforzando la creencia de que Jesús era en verdad el Mesías predicho en las Escrituras.

CAPÍTULO 8

La Septuaginta y el cristianismo primitivo

El papel de la Septuaginta en la Iglesia primitiva

La Septuaginta jugó un papel importante en la Iglesia primitiva, influyendo en su liturgia, enseñanza y debates teológicos. Como la primera traducción importante de las Escrituras hebreas al griego, la Septuaginta se convirtió en el texto principal para las comunidades judías de habla griega en el mundo helenístico y, más tarde, para los primeros cristianos. Su accesibilidad y uso generalizado significaron que moldeó gran parte del pensamiento y la práctica de los primeros cristianos.

En la liturgia de la Iglesia primitiva, la Septuaginta era indispensable. Muchos de los primeros cristianos, especialmente los de la parte oriental del Imperio Romano, hablaban griego en lugar de hebreo. Como resultado, la Septuaginta era la versión de las Escrituras que conocían y usaban en sus servicios de adoración. Se leyeron en voz alta pasajes de la Septuaginta durante las reuniones, y su redacción y terminología quedaron incorporadas en las oraciones, himnos y otros elementos litúrgicos. Este uso generalizado en el culto ayudó a unificar diversas comunidades cristianas en torno a un fundamento bíblico común.

La enseñanza en la Iglesia primitiva también dependía en gran medida de la Septuaginta. Los primeros padres de la Iglesia, incluidas figuras como Justino Mártir, Clemente de Alejandría y Orígenes, estuvieron profundamente influenciados por la Septuaginta en sus escritos y enseñanzas. Lo usaron para explicar doctrinas cristianas e interpretar la vida y las enseñanzas de Jesús a la luz de las profecías del Antiguo Testamento. La Septuaginta proporcionó un conjunto de textos ya preparados que respaldaban las afirmaciones cristianas de que Jesús era el Mesías prometido. Por ejemplo, la profecía del nacimiento virginal en Isaías 7:14, tal como se presenta en la Septuaginta, fue un texto clave utilizado para apoyar la creencia en el nacimiento milagroso de Jesús. El lenguaje familiar y los conceptos de la Septuaginta ayudaron a los primeros cristianos a transmitir su mensaje de manera más efectiva tanto a audiencias judías como gentiles.

Los debates teológicos en la Iglesia primitiva también estuvieron profundamente influenciados por la Septuaginta. A medida que el cristianismo se extendió y encontró diferentes tradiciones filosóficas y religiosas, la necesidad de un conjunto claro y autorizado de Escrituras se hizo más apremiante. La Septuaginta proporcionó este fundamento y sus interpretaciones fueron a menudo centrales para los argumentos teológicos. Por ejemplo, los debates sobre la naturaleza de Cristo, la Trinidad y la salvación frecuentemente se basaban en las traducciones e interpretaciones de pasajes clave del Antiguo Testamento que hacía la Septuaginta.

Un ejemplo notable es el debate sobre la divinidad de Cristo. Los primeros teólogos cristianos utilizaron pasajes de la Septuaginta, como el Salmo 110:1 e Isaías 9:6, para defender la preexistencia y la naturaleza divina de Jesús. El lenguaje de estos textos, tal como se expresa en la Septuaginta, respaldaba la afirmación de que Jesús era más que un simple profeta humano, sino que de hecho era el divino Hijo de Dios. Estos debates teológicos fueron cruciales para dar forma a los credos y doctrinas de la Iglesia primitiva, y la Septuaginta fue fundamental para estas discusiones.

La Septuaginta también jugó un papel en la definición del canon cristiano. Mientras la Iglesia primitiva buscaba establecer qué libros tenían autoridad e inspiración, la Septuaginta proporcionó un punto de referencia. Muchos de los libros incluidos en la Septuaginta, como los libros deuterocanónicos, fueron aceptados por los primeros cristianos e incorporados al Antiguo Testamento cristiano. Esta inclusión reflejó la influencia de la Septuaginta en la configuración del canon bíblico cristiano, que difería en algunos aspectos del canon judío.

Además, la Septuaginta ayudó a salvar las divisiones culturales y lingüísticas dentro de la Iglesia primitiva. A medida que el cristianismo se extendió por el mundo grecorromano, atrajo a conversos de diversos orígenes, incluidos judíos y gentiles. El uso del griego en la Septuaginta, la lengua franca de la época, hizo que las Escrituras fueran accesibles a una amplia audiencia. Esta accesibilidad fue crucial en la misión de la Iglesia primitiva de evangelizar y enseñar a los nuevos creyentes. Las opciones de traducción de la Septuaginta también proporcionaron a veces un puente teológico entre las interpretaciones judía y cristiana, facilitando el diálogo y la comprensión.

La dependencia de la Iglesia primitiva de la Septuaginta también tuvo un impacto duradero en la teología cristiana y la erudición bíblica. La traducción que hizo la Septuaginta de ciertos términos y conceptos hebreos influyó en la forma en que se entendieron y articularon las ideas teológicas clave. Por ejemplo, el uso que hace la Septuaginta de la palabra griega "kyrios" (Señor) para traducir el nombre hebreo de Dios (YHWH) tuvo implicaciones significativas para la cristología, ya que reforzó la identificación de Jesús con el Señor divino.

La Septuaginta fue un texto fundamental para la Iglesia primitiva, que influyó profundamente en su liturgia, enseñanza y debates teológicos. Su uso en los servicios de adoración ayudó a unificar diversas comunidades cristianas, mientras que su papel en la enseñanza y los debates teológicos ayudó a articular y defender doctrinas cristianas clave. El impacto de la Septuaginta en la formación del canon cristiano y su capacidad para salvar las divisiones culturales y lingüísticas subrayó aún más su importancia en el cristianismo primitivo. Al proporcionar un fundamento bíblico común, la Septuaginta ayudó a moldear la identidad y las creencias de la Iglesia primitiva, dejando un legado duradero en la teología cristiana y la interpretación bíblica.

Citas e interpretaciones patrísticas

Los primeros Padres de la Iglesia desempeñaron un papel crucial en la configuración de la teología cristiana al citar e interpretar la Septuaginta. Sus obras demuestran la profunda confianza en esta traducción griega de las escrituras hebreas para explicar y defender las creencias cristianas. Comprender cómo estos Padres de la Iglesia utilizaron la Septuaginta nos ayuda a apreciar su importancia en el pensamiento cristiano primitivo y su influencia duradera.

Una figura destacada entre los primeros Padres de la Iglesia es Justino Mártir. Justino, que vivió en el siglo II, utilizó a menudo la Septuaginta para argumentar que Jesús era el cumplimiento de las profecías del Antiguo Testamento. Por ejemplo, con frecuencia hacía referencia a Isaías 7:14, que en la Septuaginta establece que una virgen concebiría y daría a luz un hijo. Justino interpretó este pasaje como una profecía del nacimiento virginal de Jesús, usándolo para convencer tanto a judíos como a gentiles de la identidad mesiánica de Jesús. Sus escritos destacan cómo la Septuaginta fue fundamental en la apologética cristiana primitiva.

Clemente de Alejandría, otro de los primeros Padres de la Iglesia, también utilizó ampliamente la Septuaginta en sus escritos teológicos. Clemente vivió a finales del siglo II y principios del III y fue una figura clave en la escuela de pensamiento alejandrina, que buscaba armonizar la filosofía griega con la doctrina cristiana. Usó la Septuaginta para establecer conexiones entre los textos bíblicos y las ideas filosóficas griegas, demostrando la compatibilidad de la fe y la razón. Por ejemplo,

Clemente citó Proverbios 8:22-31 de la Septuaginta para discutir el concepto de sabiduría divina, interpretándolo como una referencia a Cristo. Este uso de la Septuaginta ayudó a los primeros cristianos a involucrarse con la cultura intelectual de su tiempo.

Orígenes, un prolífico erudito y teólogo del siglo III, es conocido por su extenso trabajo sobre la Septuaginta. Produjo la Hexapla, una obra enorme que colocaba el texto hebreo, la Septuaginta y varias otras traducciones griegas uno al lado del otro para un estudio comparativo. El meticuloso trabajo de Orígenes tuvo como objetivo abordar las discrepancias y proporcionar una comprensión más precisa de las Escrituras. A menudo utilizó la Septuaginta para explicar pasajes difíciles y respaldar sus argumentos teológicos. Por ejemplo, Orígenes citó el Salmo 22:16 de la Septuaginta, que menciona "me traspasaron las manos y los pies", como una referencia profética a la crucifixión de

Jesús. Su enfoque erudito de la Septuaginta sentó las bases para la exégesis bíblica posterior.

Atanasio de Alejandría, figura clave del siglo IV, también hizo un uso significativo de la Septuaginta. Atanasio jugó un papel decisivo en la defensa de la doctrina de la Trinidad contra el arrianismo, que negaba la plena divinidad de Cristo. En sus escritos, citó con frecuencia pasajes de la Septuaginta para apoyar la naturaleza coigual y coeterna del Padre, el Hijo y el Espíritu Santo. Por ejemplo, utilizó Proverbios 8:22-25 de la Septuaginta, que habla de la preexistencia de la sabiduría divina, para defender la naturaleza eterna del Hijo. El uso que hace Atanasio de la Septuaginta resalta su importancia en el desarrollo de las doctrinas cristianas fundamentales.

Jerónimo, aunque más conocido por su traducción latina de la Biblia (la Vulgata), también se comprometió profundamente con la Septuaginta. Jerónimo reconoció la importancia de la

Septuaginta en la Iglesia primitiva y a menudo la comparó con el texto hebreo en sus comentarios. Su enfoque crítico tenía como objetivo proporcionar una comprensión más clara de los textos bíblicos y abordar las variaciones entre las diferentes versiones. El respeto de Jerónimo por la Septuaginta, a pesar de su preferencia por el texto hebreo, subraya su importancia en la erudición cristiana primitiva.

Agustín de Hipona, una figura destacada del cristianismo occidental, también se basó en la Septuaginta. Agustín vivió en los siglos IV y V y escribió extensamente sobre teología, filosofía e interpretación bíblica. A menudo citaba la Septuaginta en sus obras para explicar las doctrinas cristianas y abordar controversias teológicas. Por ejemplo, Agustín usó el Salmo 110:1 de la Septuaginta, que habla de la entronización del Señor, para discutir la autoridad divina y la realeza de Cristo. Su uso de la Septuaginta ayudó a dar forma al pensamiento cristiano occidental y a reforzar la conexión entre el Antiguo y el Nuevo Testamento.

La influencia de la Septuaginta sobre los primeros Padres de la Iglesia también es evidente en sus sermones y escritos pastorales. Estos textos utilizaban a menudo la Septuaginta para brindar orientación moral y espiritual a sus congregaciones. El lenguaje claro y accesible de la Septuaginta la convirtió en una valiosa herramienta de enseñanza y exhortación. Al citar la Septuaginta, los Padres de la Iglesia podrían recurrir a textos familiares para fomentar el comportamiento ético y reforzar los valores cristianos.

Los primeros Padres de la Iglesia citaron e interpretaron ampliamente la Septuaginta en sus obras teológicas, académicas y pastorales. Figuras como Justino Mártir, Clemente de Alejandría, Orígenes, Atanasio de Alejandría, Jerónimo y Agustín de Hipona utilizaron la Septuaginta para explicar las doctrinas cristianas, interactuar con las corrientes filosóficas e intelectuales contemporáneas y proporcionar orientación moral. Su uso de la Septuaginta resalta su centralidad en el pensamiento cristiano primitivo y su influencia duradera en la teología cristiana y la interpretación bíblica. Al examinar sus citas e interpretaciones, obtenemos una comprensión más profunda de la importancia de la Septuaginta en la formación de las creencias y prácticas cristianas primitivas.

La Septuaginta en la liturgia y la teología paleocristianas

La Septuaginta jugó un papel importante en la configuración de la liturgia y la teología cristianas primitivas, influyendo profundamente en la forma en que los primeros cristianos adoraban y entendían su fe. El uso de la Septuaginta en el culto y la doctrina resalta su importancia como puente entre las raíces judías del cristianismo y la tradición cristiana emergente.

La liturgia cristiana primitiva incorporaba lecturas de la Septuaginta como parte habitual de los servicios de adoración. Estas lecturas proporcionaron el fundamento bíblico para oraciones, himnos y sermones. Dado que la Septuaginta se usó ampliamente en el mundo de habla griega, hizo que las escrituras hebreas fueran accesibles a muchos de los primeros cristianos que no entendían el hebreo. Esta accesibilidad ayudó a unificar diversas comunidades cristianas en torno a un conjunto común de textos. Por ejemplo, los Salmos de la Septuaginta a menudo se recitaban o cantaban en el culto cristiano primitivo, tal como lo eran en el culto judío. Esta práctica reforzó la continuidad entre las tradiciones litúrgicas judías y cristianas.

La reflexión teológica en el cristianismo primitivo estuvo profundamente influenciada por la Septuaginta. Los primeros teólogos cristianos, muchos de los cuales estaban inmersos en la cultura y el idioma griegos, encontraron que la Septuaginta era un recurso valioso para interpretar la vida y las enseñanzas de Jesús. Las opciones de traducción y los matices interpretativos de la Septuaginta a menudo proporcionaron el vocabulario teológico que los primeros cristianos utilizaron para articular sus creencias. Por ejemplo, el concepto de "logos" (palabra) en el prólogo del Evangelio de Juan encuentra resonancia con el uso de "logos" en la Septuaginta, particularmente en pasajes como Proverbios 8 y Sabiduría de Salomón 18:15. Esta conexión ayudó a enmarcar a Jesús como la Palabra divina, un tema central en la teología cristiana primitiva.

Una de las contribuciones teológicas clave de la Septuaginta al cristianismo primitivo fue la interpretación de ciertas profecías mesiánicas. La Septuaginta a menudo proporcionaba lecturas que se consideraban predicciones más claras de la vida y la misión de Jesús. Por ejemplo, Isaías 7:14 en la Septuaginta habla de una "virgen" (griego: parthenos) que concebirá y dará a luz un hijo, un pasaje que los primeros cristianos interpretaron como una profecía del nacimiento virginal de Jesús. Esta interpretación fue fundamental para el desarrollo de la doctrina de la encarnación, que sostiene que Jesús era plenamente divino y plenamente humano.

La Septuaginta también jugó un papel crucial en el desarrollo de la doctrina cristiana primitiva sobre la Trinidad. Se utilizaron pasajes de la Septuaginta que hablan de la sabiduría y el espíritu de Dios para articular las relaciones entre el Padre, el Hijo y el Espíritu Santo. Proverbios 8:22-31, que habla de la creación de la Sabiduría antes del mundo, fue interpretado por los primeros teólogos como Atanasio como referencia al Cristo preexistente. De manera similar, la representación del Espíritu de Dios en la Septuaginta proporcionó una base bíblica para comprender el papel del Espíritu Santo en la creación y la redención.

Además de su impacto teológico, la Septuaginta dio forma a las enseñanzas éticas de los primeros cristianos. Muchas de las instrucciones morales que se encuentran en el Nuevo Testamento hacen eco de las enseñanzas éticas de la Septuaginta. Por ejemplo, el Sermón de la Montaña en el Evangelio de Mateo contiene numerosas referencias y alusiones a las enseñanzas morales y éticas de la Torá tal como se expresan en la Septuaginta. Los primeros escritores cristianos utilizaron estos textos para promover una vida ética entre los creyentes, enfatizando valores como la humildad, la misericordia y la justicia.

La Septuaginta también influyó en las opiniones de los primeros cristianos sobre la otra vida y la resurrección. El libro de la Sabiduría, que forma parte de la Septuaginta pero que no se encuentra en la Biblia hebrea, contiene reflexiones sobre la inmortalidad del alma y la esperanza de la resurrección. Estas ideas resonaron entre los primeros cristianos y ayudaron a moldear su comprensión de la vida eterna. Pasajes como Sabiduría 3:1-9, que habla de las almas de los justos en manos de Dios, brindaron consuelo y esperanza a las primeras comunidades cristianas que enfrentaban persecución.

En el ámbito de la liturgia, los Salmos de la Septuaginta desempeñaron un papel particularmente central. Los salmos no sólo se recitaban y cantaban, sino que también servían de base para muchos himnos y oraciones de los primeros cristianos. El lenguaje poético y emotivo de los Salmos ayudó a expresar los sentimientos de alabanza, lamento y súplica de los fieles. El uso de los Salmos en la liturgia fomentó un profundo sentido de continuidad con las prácticas de adoración judías y al mismo tiempo permitió expresiones de fe distintivamente cristianas.

La Septuaginta también contribuyó a la formulación de los primeros credos cristianos. Los credos eran declaraciones sucintas de fe que articulaban creencias cristianas fundamentales, a menudo en respuesta a herejías y disputas doctrinales. El lenguaje y los temas de la Septuaginta proporcionaron una base escritural para estos credos. Por ejemplo, el Credo de Nicea, formulado en el siglo IV, refleja la influencia del lenguaje y los temas de la Septuaginta en su afirmación de Jesús como "Luz de Luz, Dios verdadero de Dios verdadero".

La Septuaginta jugó un papel decisivo en la configuración de la liturgia y la teología cristianas primitivas. Su uso en los servicios de adoración proporcionó una base bíblica para oraciones, himnos y sermones, mientras que sus matices teológicos influyeron en doctrinas cristianas clave como la encarnación y la Trinidad. Las enseñanzas éticas de la Septuaginta informaron la instrucción moral cristiana primitiva, y sus reflexiones sobre la vida después de la muerte dieron forma a las creencias sobre la vida eterna y la resurrección. Los Salmos de la Septuaginta fueron fundamentales para las prácticas litúrgicas cristianas primitivas, y el lenguaje y los temas de la Septuaginta ayudaron a formular los credos cristianos primitivos. El legado perdurable de la Septuaginta en el cristianismo primitivo resalta su papel vital en el desarrollo de la fe cristiana.

CAPÍTULO 9

La erudición moderna y la Septuaginta

Avances en los estudios de la Septuaginta

Los avances recientes en los estudios de la Septuaginta han transformado nuestra comprensión de esta antigua traducción griega de las Escrituras hebreas. Los académicos han empleado nuevas metodologías y han realizado descubrimientos importantes que iluminan la historia, el lenguaje y el impacto de la Septuaginta.

Un avance importante en los estudios de la Septuaginta es la aplicación de técnicas modernas de análisis lingüístico y textual. Estos enfoques permiten a los estudiosos comparar la Septuaginta con varios textos hebreos y otras traducciones antiguas con mayor precisión. Al hacerlo, pueden identificar patrones en las opciones de traducción, comprender las intenciones de los traductores y descubrir el contexto histórico en el que se realizó la traducción. Por ejemplo, el análisis de las diferencias entre la Septuaginta y el Texto Masorético, el texto hebreo autorizado para el judaísmo, ha revelado variaciones que sugieren diferentes énfasis teológicos y escenarios históricos. Estos hallazgos nos ayudan a apreciar la Septuaginta no sólo como una traducción sino también como un reflejo de las creencias y prácticas de la comunidad judía durante el período helenístico.

El uso de las humanidades digitales en los estudios de la Septuaginta representa otro avance significativo. Las herramientas y recursos digitales, como bases de datos y software para análisis textual, permiten a los investigadores manejar grandes volúmenes de datos de manera eficiente. Estas tecnologías facilitan la creación de ediciones críticas de la Septuaginta que incorporan variantes textuales de diferentes manuscritos. Este enfoque integral proporciona una comprensión más precisa y matizada del historial de transmisión del texto. Proyectos digitales como la Nueva Traducción al Inglés de la Septuaginta y el Proyecto Hexapla ofrecen traducciones y comentarios accesibles y meticulosamente investigados, lo que hace que la Septuaginta sea más accesible para los académicos y el público en general.

Los descubrimientos de nuevos manuscritos y fragmentos también han enriquecido los estudios de la Septuaginta. Estos hallazgos, a menudo desenterrados en excavaciones arqueológicas o identificados en colecciones previamente inexploradas, proporcionan nuevos conocimientos sobre la historia y la difusión del texto. Por ejemplo, el descubrimiento de fragmentos de la Septuaginta entre los Rollos del Mar Muerto ha ofrecido información valiosa sobre el uso temprano del texto y su relación con otros escritos judíos del período del Segundo Templo. Tales descubrimientos resaltan el papel de la Septuaginta en el panorama más amplio de la literatura judía antigua y su influencia en el cristianismo primitivo.

Los enfoques interdisciplinarios han mejorado aún más nuestra comprensión de la Septuaginta. Académicos de campos como la historia, la teología y la literatura comparada colaboran para explorar el impacto multifacético del texto. Este diálogo interdisciplinario arroja luz sobre cómo funcionó la Septuaginta dentro de la vida religiosa, cultural e intelectual de las comunidades antiguas. Por ejemplo, los historiadores estudian la Septuaginta para comprender la dinámica política y social del mundo helenístico, mientras que los teólogos examinan su influencia en el pensamiento y la doctrina de los primeros cristianos. Esta perspectiva holística revela la importancia de la Septuaginta más allá de su contexto religioso inmediato, destacando su papel en la configuración de las tradiciones intelectuales y culturales occidentales.

Los estudios recientes también se han centrado en las implicaciones teológicas y exegéticas de la Septuaginta. Los investigadores examinan cómo los primeros intérpretes judíos y cristianos utilizaron la Septuaginta para desarrollar sus ideas teológicas y responder a los desafíos contemporáneos. Por ejemplo, los estudios sobre cómo la interpretación de las profecías mesiánicas de la Septuaginta influyó en la cristología cristiana primitiva demuestran la centralidad del texto en la configuración de las creencias cristianas fundamentales. Al explorar estas dimensiones teológicas, los estudiosos descubren la perdurable relevancia de la Septuaginta para el pensamiento y la práctica religiosos contemporáneos.

El estudio del lenguaje y el estilo de la Septuaginta también ha experimentado avances significativos. Los académicos analizan las técnicas de traducción utilizadas por los traductores de la Septuaginta, examinando cómo manejaron modismos hebreos complejos, referencias culturales y conceptos teológicos. Este análisis ayuda a reconstruir el entorno lingüístico y cultural de los traductores, ofreciendo información sobre los desafíos que enfrentaron y las estrategias que emplearon. Comprender estas técnicas de traducción mejora nuestra apreciación de la Septuaginta como una obra literaria sofisticada y dinámica, que cierra la brecha entre las tradiciones lingüísticas hebrea y griega.

Los avances recientes también han destacado el papel de la Septuaginta en el desarrollo del canon bíblico y la crítica textual. Los estudiosos investigan cómo la Septuaginta influyó en la formación del canon cristiano del Antiguo Testamento y su recepción en diferentes tradiciones cristianas. La inclusión en el texto de libros que no se encuentran en la Biblia hebrea, conocidos como libros apócrifos o deuterocanónicos, refleja las diversas tradiciones escriturales que dieron forma al cristianismo primitivo. Los críticos textuales estudian las variantes de la Septuaginta y su relación con otras versiones antiguas, como el Pentateuco samaritano y la Peshitta, para reconstruir la historia del texto bíblico y comprender su transmisión a lo largo del tiempo.

El impacto de la Septuaginta en la liturgia judía y cristiana es otra área de interés académico. Los investigadores exploran cómo se utilizaron los Salmos de la Septuaginta y otros textos litúrgicos en el culto y su influencia en las tradiciones litúrgicas. Este estudio revela el papel del texto en la configuración de las prácticas religiosas y la vida devocional, demostrando su importancia más allá de su uso como traducción de las Escrituras. La función litúrgica de la Septuaginta subraya su centralidad en la vida religiosa de las comunidades antiguas y su legado perdurable en el culto contemporáneo.

Los avances en los estudios de la Septuaginta han llevado a una mayor apreciación de su significado cultural y literario. Los académicos examinan el lugar de la Septuaginta dentro del contexto más amplio de la literatura helenística y su interacción con las tradiciones filosóficas y literarias griegas. Este análisis revela la influencia del texto sobre los judíos de habla griega y su contribución al desarrollo del judaísmo helenístico. Las cualidades literarias de la Septuaginta, como el uso de formas poéticas y recursos retóricos griegos, resaltan su arte y sofisticación como obra de traducción.

Los avances recientes en los estudios de la Septuaginta han transformado nuestra comprensión de este texto antiguo. El análisis lingüístico y textual moderno, las humanidades digitales, los descubrimientos de nuevos manuscritos, los enfoques interdisciplinarios, los estudios teológicos y exegéticos, el análisis del lenguaje y el estilo, y el estudio de su impacto en el canon bíblico, la liturgia y las tradiciones culturales han contribuido a una sociedad más rica y matizada. apreciación de la Septuaginta. Estos avances demuestran la importancia duradera del texto para comprender la historia, la teología y la literatura del judaísmo antiguo y el cristianismo primitivo.

Ediciones y recursos críticos

Las ediciones y los recursos críticos son herramientas esenciales para estudiar la Septuaginta y brindan a los académicos textos confiables y análisis completos. Estos recursos ayudan a los investigadores a comprender las complejidades de la traducción de la Septuaginta y su contexto histórico.

Una de las ediciones críticas más importantes de la Septuaginta es la Septuaginta: Vetus Testamentum Graecum (Septuaginta de Göttingen). Este monumental proyecto, iniciado a principios del siglo XX, tiene como objetivo producir una edición crítica de cada libro de la Septuaginta. La Septuaginta de Gotinga es conocida por su meticulosa atención al detalle, incluido un extenso aparato textual que enumera variantes encontradas en diferentes manuscritos. Esto permite a los estudiosos ver las diferencias entre las distintas versiones del texto y comprender cómo ha evolucionado con el tiempo. La Septuaginta de Gotinga es invaluable para quienes estudian la historia textual de la Septuaginta y su uso en diferentes comunidades judías y cristianas.

Otro recurso importante es la Septuaginta de Cambridge, que forma parte del proyecto más amplio de la Biblia griega de Cambridge. Esta edición tiene como objetivo proporcionar un texto confiable de la Septuaginta basado en los mejores manuscritos disponibles. Incluye un aparato crítico que señala variantes textuales significativas y proporciona referencias a otras versiones antiguas, como la Biblia hebrea y la Vulgata latina. La Septuaginta de Cambridge es especialmente útil para estudiantes y académicos que necesitan un texto accesible y autorizado para sus investigaciones y estudios.

La Nueva Traducción al Inglés de la Septuaginta NETS es una traducción moderna que ofrece una traducción clara y precisa de la Septuaginta al inglés. La Nueva Traducción al Inglés de la Septuaginta se basa en las ediciones críticas de la Septuaginta de Göttingen y la Septuaginta de Cambridge, lo que la convierte en un recurso confiable para quienes no leen griego. La traducción incluye extensas notas a pie de página y comentarios que explican pasajes difíciles y brindan información sobre las elecciones de los traductores. La Nueva Traducción al Inglés de la Septuaginta es un excelente recurso para estudiantes, académicos y cualquier persona interesada en el contenido y la importancia de la Septuaginta.

El Proyecto Hexapla es otro recurso valioso para los estudios de la Septuaginta. La Hexapla original, compilada por el erudito cristiano Orígenes, fue una edición crítica del Antiguo Testamento que incluía múltiples versiones del texto en columnas paralelas. Aunque el Hexapla original no ha sobrevivido, el

Proyecto Hexapla tiene como objetivo reconstruir su contenido basándose en fragmentos supervivientes y referencias en escritos antiguos. Este proyecto proporciona a los estudiosos información sobre cómo los primeros cristianos compararon e interpretaron diferentes versiones del Antiguo Testamento. Las herramientas y recursos digitales del Proyecto Hexapla facilitan el acceso y el estudio de estos textos antiguos.

El Nuevo Testamento griego de la Sociedad de Literatura Bíblica es una edición crítica del Nuevo Testamento griego publicada por la Sociedad de Literatura Bíblica. Aunque no se centra exclusivamente en la Septuaginta, la Sociedad de Literatura Bíblica del Nuevo Testamento Griego es un recurso importante para comprender la relación entre la Septuaginta y el Nuevo Testamento. La Sociedad de Literatura Bíblica del Nuevo Testamento Griego incluye un aparato crítico que señala variantes textuales significativas y proporciona referencias a otras versiones antiguas, lo que la convierte en una herramienta valiosa para la crítica textual y los estudios comparativos.

Los Rollos del Mar Muerto también son un recurso importante para estudiar la Septuaginta. El descubrimiento de estos manuscritos antiguos a mediados del siglo XX proporcionó nuevos conocimientos sobre la historia textual del Antiguo Testamento, incluida la Septuaginta. Algunos de los rollos contienen traducciones griegas de libros del Antiguo Testamento que son similares a la Septuaginta, mientras que otros reflejan tradiciones textuales diferentes. Los Rollos del Mar Muerto ayudan a los eruditos a comprender la diversidad de los textos de las Escrituras judías en el período del Segundo Templo y el desarrollo de la Septuaginta.

Los recursos digitales han revolucionado los estudios de la Septuaginta, facilitando el acceso y el análisis de textos antiguos. El proyecto Septuagint Online, por ejemplo, proporciona ediciones digitales de la Septuaginta y otras versiones antiguas, junto con herramientas para análisis y comparación textual. Las bases de datos digitales como el Thesaurus Linguae Graecae ofrecen colecciones de textos griegos con capacidad de búsqueda, incluida la Septuaginta, lo que permite a los académicos estudiar el idioma y el estilo de la traducción con mayor detalle. Estos recursos digitales permiten realizar análisis sofisticados y explorar nuevas preguntas de investigación.

Las bibliotecas y las instituciones académicas a menudo brindan acceso a ediciones y recursos críticos para los estudios de la Septuaginta. Las bibliotecas universitarias, por ejemplo, pueden tener copias de la Septuaginta de Göttingen, la Septuaginta de Cambridge y otros textos importantes. También pueden suscribirse a bases de datos digitales como el Thesaurus Linguae Graecae y ofrecer acceso a recursos en línea como el proyecto Septuagint Online. Las instituciones académicas también pueden albergar conferencias y seminarios sobre estudios de la Septuaginta, brindando oportunidades para que los académicos compartan sus investigaciones y colaboren en nuevos proyectos.

No se puede subestimar el papel de las ediciones y los recursos críticos en la erudición contemporánea de la Septuaginta. Estas herramientas proporcionan la base para la crítica textual, el análisis histórico y la interpretación teológica. Al ofrecer textos confiables y comentarios detallados, ayudan a los eruditos a comprender las complejidades de la Septuaginta y su importancia para el judaísmo antiguo y el cristianismo primitivo. También permiten realizar nuevas investigaciones y explorar aspectos del texto no reconocidos previamente.

Las ediciones y los recursos críticos son esenciales para estudiar la Septuaginta. La Septuaginta de Gotinga, la Septuaginta de Cambridge, la Nueva Traducción al Inglés de la Septuaginta, el Proyecto Hexapla, el Nuevo Testamento Griego de la Sociedad de Literatura Bíblica y los Rollos del Mar

Muerto se encuentran entre los recursos clave que proporcionan textos confiables y análisis integrales. Las herramientas y recursos digitales han transformado aún más los estudios de la Septuaginta, facilitando el acceso y el análisis de textos antiguos. Estas ediciones y recursos críticos son indispensables para la erudición contemporánea, ya que ofrecen información sobre la historia textual, el lenguaje y el impacto de la Septuaginta.

La Septuaginta en los estudios bíblicos contemporáneos

La Septuaginta, una traducción griega de la Biblia hebrea, juega un papel importante en los estudios bíblicos contemporáneos. Su relevancia se extiende más allá de su contexto histórico para influir en la interpretación bíblica moderna, ofreciendo ideas que son cruciales tanto para los eruditos como para los lectores no especializados.

La Septuaginta ofrece una ventana invaluable a cómo las antiguas comunidades judías entendían sus textos sagrados. Desde que fue traducida por eruditos judíos en los siglos III y II a. C., la Septuaginta refleja las tradiciones interpretativas y el énfasis teológico de ese período. Esto lo convierte en un recurso fundamental para comprender el desarrollo del pensamiento y la práctica judíos. Al comparar la Septuaginta con la Biblia hebrea, los estudiosos pueden identificar variaciones en las opciones de interpretación y traducción que revelan cómo las diferentes comunidades entendieron los temas bíblicos clave.

Una de las formas clave en que se utiliza la Septuaginta en los estudios bíblicos contemporáneos es a través de la crítica textual. La crítica textual implica comparar varios manuscritos y versiones de textos bíblicos para determinar su redacción original y comprender cómo y por qué se produjeron cambios a lo largo del tiempo. La Septuaginta, al ser una de las traducciones más antiguas de la Biblia hebrea, proporciona un punto vital de comparación. Las variantes encontradas en la Septuaginta pueden ayudar a los eruditos a reconstruir la historia del texto bíblico e identificar cambios que pueden haber ocurrido en los manuscritos hebreos. Este proceso ayuda a aclarar el significado original de los textos y a comprender la evolución de la literatura bíblica.

Además de la crítica textual, la Septuaginta es esencial para comprender el Nuevo Testamento. Los autores del Nuevo Testamento citaron y aludieron con frecuencia a la Septuaginta, que fue ampliamente utilizada en la comunidad cristiana primitiva. Al estudiar estas citas y alusiones, los eruditos pueden obtener información sobre cómo los primeros cristianos interpretaban las Escrituras hebreas y cómo veían a Jesús y su fe en continuidad con la tradición judía. La Septuaginta sirve así como puente entre la Biblia hebrea y el Nuevo Testamento, destacando la continuidad y el desarrollo de la teología bíblica.

La Septuaginta también juega un papel crucial en los estudios intertextuales, que examinan cómo los textos se refieren a otros y se influyen entre sí. La intertextualidad es una herramienta poderosa para comprender la rica red de conexiones dentro de la Biblia. Por ejemplo, cuando los escritores del Nuevo Testamento citan la Septuaginta, a menudo lo hacen de maneras que iluminan sus mensajes teológicos. Al analizar estas referencias intertextuales, los eruditos pueden descubrir capas de significado más profundas tanto en el Antiguo como en el Nuevo Testamento. Este enfoque mejora nuestra comprensión de la Biblia como una colección unificada e interconectada de escritos sagrados.

Además, la Septuaginta ofrece perspectivas teológicas únicas que difieren de las que se encuentran en la Biblia hebrea. Por ejemplo, ciertos pasajes de la Septuaginta reflejan una creencia más explícita en la otra vida y la resurrección que sus homólogos hebreos. Estos matices teológicos proporcionan un contexto más amplio para interpretar las doctrinas bíblicas y pueden influir en las discusiones teológicas contemporáneas. Al interactuar con la Septuaginta, los eruditos y teólogos pueden obtener una visión más integral de la teología bíblica y su desarrollo a lo largo del tiempo.

La Septuaginta es también un recurso esencial para los estudios históricos del judaísmo y el cristianismo primitivo. Proporciona evidencia de cómo las comunidades judías del mundo helenístico adaptaron sus prácticas y creencias religiosas al contexto de habla griega. Esta adaptación incluyó la traducción de sus textos sagrados al griego, lo que hizo que las Escrituras hebreas fueran accesibles a un público más amplio. Comprender este contexto histórico ayuda a los estudiosos a apreciar la naturaleza dinámica de las tradiciones judías y cristianas y cómo interactuaron con el entorno cultural y lingüístico más amplio del antiguo mundo mediterráneo.

Los estudios bíblicos contemporáneos también se benefician de los conocimientos lingüísticos proporcionados por la Septuaginta. El griego koiné, el idioma de la Septuaginta, fue el idioma común del Mediterráneo oriental durante los períodos helenístico y romano. Al estudiar la Septuaginta, los estudiosos pueden comprender mejor el entorno lingüístico y cultural en el que surgió el cristianismo primitivo. Este conocimiento lingüístico es crucial para interpretar el Nuevo Testamento y otros escritos cristianos primitivos, ya que arroja luz sobre los matices del lenguaje y el significado de estos textos.

Además, la Septuaginta sigue siendo relevante para las traducciones modernas de la Biblia. Muchas traducciones contemporáneas consideran la Septuaginta junto con el texto hebreo para garantizar una interpretación más precisa y completa de las Escrituras. Esta práctica reconoce la importancia histórica de la Septuaginta y su influencia en la transmisión e interpretación del texto bíblico. Al incorporar ideas de la Septuaginta, los traductores modernos pueden producir versiones de la Biblia que reflejen la riqueza y diversidad de la tradición bíblica.

En los estudios bíblicos contemporáneos, la Septuaginta no es sólo un artefacto histórico sino también un texto vivo que continúa informando y enriqueciendo nuestra comprensión de la Biblia. Sirve como herramienta crítica para la crítica textual, la interpretación teológica, la investigación histórica y el análisis lingüístico. Al interactuar con la Septuaginta, los eruditos pueden obtener una apreciación más profunda de las complejidades del texto bíblico y las formas en que ha sido entendido y transmitido durante milenios.

La Septuaginta es una piedra angular de los estudios bíblicos contemporáneos y ofrece conocimientos invaluables sobre el texto, la teología y la historia de la Biblia. No se puede subestimar su relevancia para la interpretación bíblica moderna, ya que proporciona un vínculo crucial entre la Biblia hebrea y el Nuevo Testamento, enriquece nuestra comprensión del pensamiento judío y cristiano primitivo y mejora la precisión y profundidad de las traducciones bíblicas modernas. A través del estudio de la Septuaginta, tanto los eruditos como los lectores pueden descubrir nuevas dimensiones de significado y continuar explorando el profundo legado de la tradición bíblica.

CAPÍTULO 10

Aplicaciones prácticas de los estudios bíblicos

Uso de la Septuaginta y el Nuevo Testamento griego en la exégesis

Usar la Septuaginta y el Nuevo Testamento griego en la exégesis implica comprender e interpretar estos textos para descubrir sus significados e implicaciones. La exégesis es el proceso de extraer el significado de un texto, a diferencia de la eisegesis, que implica leer la propia interpretación del texto. La Septuaginta y el Nuevo Testamento griego son ricos recursos para la exégesis bíblica y ofrecen información sobre el lenguaje, el contexto y la teología de los autores bíblicos. Para utilizar eficazmente estos textos en la exégesis, los eruditos emplean diversas herramientas y técnicas que ayudan a dilucidar el significado original y la relevancia contemporánea de las Escrituras.

El primer paso para utilizar la Septuaginta y el Nuevo Testamento griego en la exégesis es familiarizarse con el griego koiné, el idioma común en el que se escribieron estos textos. El griego koiné es distinto del griego clásico y tiene su propio vocabulario, sintaxis y reglas gramaticales. Aprender griego koiné permite a los exégetas leer y comprender los textos en su idioma original, proporcionando una interpretación más matizada que la que pueden ofrecer las traducciones. Hay numerosos recursos disponibles para estudiar griego koiné, incluidos libros de texto, cursos en línea y software de idiomas.

Una vez equipados con una comprensión básica del griego koiné, los exégetas pueden comenzar a analizar el texto. Esto implica una lectura minuciosa del texto griego para identificar palabras, frases y estructuras gramaticales clave. Herramientas como léxicos y concordancias son invaluables en este proceso. Un léxico es un diccionario especializado que proporciona definiciones y explicaciones de palabras griegas utilizadas en los textos bíblicos. Las concordancias, por otro lado, enumeran cada aparición de una palabra particular en la Biblia, lo que permite a los estudiosos ver cómo se usa en diferentes contextos. Al consultar estas herramientas, los exégetas pueden obtener una comprensión más profunda del significado y los matices del texto.

El contexto es crucial en la exégesis, y comprender el contexto histórico, cultural y literario de la Septuaginta y el Nuevo Testamento griego es esencial. El contexto histórico implica examinar el período de tiempo en el que se escribieron los textos, incluido el entorno político, social y religioso. Por ejemplo, saber que la Septuaginta fue traducida durante el período helenístico, cuando la cultura y el idioma griegos eran dominantes, ayuda a explicar ciertas opciones de traducción y estrategias interpretativas. De manera similar, comprender el contexto del Imperio Romano y las primeras comunidades cristianas ilumina los escritos del Nuevo Testamento.

El contexto cultural incluye las costumbres, creencias y prácticas de las personas para quienes se escribieron los textos. La Septuaginta, por ejemplo, refleja el intento de la diáspora judía de mantener su identidad religiosa en un mundo predominantemente de habla griega. El Nuevo Testamento refleja los esfuerzos del naciente movimiento cristiano por definirse dentro de la cultura grecorromana más amplia. El contexto literario implica analizar el género, la estructura y los recursos literarios utilizados en los textos. Reconocer si un pasaje es una parábola, una profecía, una ley o una poesía influye en cómo debe interpretarse.

Las ediciones críticas de la Septuaginta y del Nuevo Testamento griego son herramientas esenciales para la exégesis. Estas ediciones proporcionan un texto cuidadosamente editado basado en los mejores manuscritos disponibles y, a menudo, incluyen aparatos críticos que señalan variantes textuales y sus fuentes. La crítica textual es la disciplina académica que busca reconstruir el texto original comparando diferentes manuscritos e identificando errores de escritura o alteraciones intencionales. Al consultar ediciones críticas, los exégetas pueden trabajar con un texto que se aproxima mucho a los escritos originales.

Además de la crítica textual, en la exégesis se utilizan otros métodos críticos, incluida la crítica de fuentes, la crítica de formas, la crítica de redacción y la crítica literaria. La crítica de fuentes examina las fuentes utilizadas por los autores bíblicos, como documentos escritos anteriores o tradiciones orales. La crítica formal analiza las diferentes formas y géneros literarios dentro del texto, identificando su función y significado. La crítica de la redacción estudia cómo los autores bíblicos editaron y organizaron sus fuentes para transmitir sus mensajes teológicos. La crítica literaria se centra en las técnicas narrativas, motivos y temas utilizados en el texto.

La intertextualidad es otro aspecto importante de la exégesis, especialmente para la Septuaginta y el Nuevo Testamento griego. La intertextualidad examina cómo los textos se refieren e interactúan con otros textos. Por ejemplo, el Nuevo Testamento a menudo cita o alude a la Septuaginta, y comprender estas referencias puede proporcionar una visión más profunda del mensaje del Nuevo Testamento. Al rastrear estas conexiones intertextuales, los exégetas pueden ver cómo los temas e ideas bíblicos se desarrollan y transforman en diferentes escritos.

La exégesis teológica también es crucial a la hora de interpretar la Septuaginta y el Nuevo Testamento griego. Este enfoque se centra en los mensajes teológicos y las implicaciones del texto. La

Septuaginta, por ejemplo, ofrece una perspectiva judía de habla griega sobre las Escrituras hebreas, que influyó en la teología cristiana primitiva. El uso de la Septuaginta en el Nuevo Testamento revela cómo los primeros cristianos entendían a Jesús y su fe en continuidad con la tradición judía. Al explorar estas dimensiones teológicas, los exégetas pueden obtener una apreciación más profunda de las enseñanzas espirituales y doctrinales de la Biblia.

Finalmente, la exégesis no es sólo un ejercicio académico; tiene aplicaciones prácticas para la fe y la vida. Comprender la Septuaginta y el Nuevo Testamento griego puede enriquecer el estudio, la enseñanza y la predicación personal de la Biblia. Puede proporcionar nuevas perspectivas sobre pasajes familiares y ayudar a aplicar principios bíblicos a cuestiones contemporáneas. Tanto para pastores, teólogos y laicos, la exégesis es una manera de involucrarse más profundamente con el texto bíblico y escuchar la voz de Dios con mayor claridad.

El uso de la Septuaginta y el Nuevo Testamento griego en la exégesis implica una combinación de habilidades lingüísticas, comprensión contextual, metodologías críticas y reflexión teológica. Al emplear estas herramientas y técnicas, los exégetas pueden descubrir el rico significado de estos textos antiguos y aplicar sus conocimientos a la interpretación bíblica moderna. El proceso requiere diligencia, curiosidad y voluntad de explorar las profundidades de la tradición bíblica, lo que lleva a un compromiso más profundo e informado con las Escrituras.

Integrando Estudios de la Septuaginta en el estudio bíblico personal y comunitario

Integrar los estudios de la Septuaginta en el estudio bíblico personal y comunitario puede enriquecer la comprensión y ofrecer nuevas perspectivas sobre las Escrituras. La Septuaginta, una traducción griega de la Biblia hebrea, tiene un importante valor histórico y teológico. Fue ampliamente utilizado durante la época de Jesús y la Iglesia primitiva, proporcionando información sobre cómo los primeros cristianos interpretaban el Antiguo Testamento. Al incorporar los estudios de la Septuaginta, los lectores pueden profundizar su compromiso con la Biblia, apreciar sus contextos lingüísticos y culturales y obtener una comprensión más completa de sus mensajes.

Comenzando con el estudio personal de la Biblia, uno puede acercarse a la Septuaginta familiarizándose con sus antecedentes y significado. La Septuaginta se tradujo en los siglos III y II a. C., principalmente para servir a las comunidades judías de habla griega en Alejandría, Egipto. Comprender este contexto histórico ayuda a los lectores a apreciar por qué se tomaron ciertas decisiones de traducción y cómo el texto refleja el entorno cultural y religioso de la época. Este conocimiento puede ser particularmente esclarecedor al comparar la Septuaginta con el Texto Masorético hebreo, ya que revela variaciones en la redacción y el énfasis que pueden conducir a conocimientos más profundos.

Para el estudio personal, una estrategia eficaz es leer textos paralelos de la Septuaginta y la Biblia hebrea. Esto se puede hacer utilizando Biblias interlineales o recursos digitales que proporcionen comparaciones lado a lado. Al examinar las diferencias en la traducción, los lectores pueden explorar cómo las versiones de la Septuaginta podrían resaltar diferentes temas o matices teológicos. Por ejemplo, ciertos pasajes proféticos de la Septuaginta pueden enfatizar aspectos del carácter o acciones de Dios que difieren ligeramente del texto hebreo. Reflexionar sobre estas diferencias puede mejorar la comprensión del mensaje bíblico y sus implicaciones.

Interactuar con comentarios y trabajos académicos sobre la Septuaginta también puede enriquecer el estudio personal. Muchos eruditos bíblicos han escrito extensamente sobre la Septuaginta, ofreciendo ideas sobre sus características lingüísticas, contexto histórico y significado teológico. Estos recursos pueden proporcionar información básica valiosa y marcos interpretativos, haciendo que el texto sea más accesible y significativo. Además, el uso de léxicos y concordancias específicos de la Septuaginta puede ayudar a comprender las palabras griegas originales y sus significados, lo que ilumina aún más el texto.

La incorporación de estudios de la Septuaginta al estudio bíblico comunitario puede fomentar un entorno de aprendizaje dinámico y colaborativo. Un enfoque es organizar sesiones de estudio centradas específicamente en la Septuaginta. Estas sesiones pueden comenzar con una descripción general de la historia, el propósito y la importancia de la Septuaginta, sentando las bases para una exploración más detallada. Luego, los participantes pueden profundizar en libros o pasajes específicos, compararlos con la Biblia hebrea y discutir sus observaciones e interpretaciones.

Los facilitadores pueden fomentar las discusiones grupales planteando preguntas abiertas sobre el texto. Por ejemplo, podrían pedir a los participantes que consideren por qué se tomaron ciertas decisiones de traducción o cómo la redacción de la Septuaginta podría afectar su comprensión de un pasaje en particular. Este enfoque no sólo promueve la participación activa en el texto, sino que también permite diversas perspectivas y conocimientos, enriqueciendo la experiencia de estudio para todos los involucrados.

Otra estrategia eficaz para el estudio comunitario es integrar la Septuaginta en estudios bíblicos temáticos. Por ejemplo, si la comunidad está estudiando un tema en particular, como la profecía o la sabiduría, pueden examinar pasajes relevantes tanto de la Septuaginta como de la Biblia hebrea. Este enfoque comparativo puede revelar cómo las traducciones e interpretaciones de la Septuaginta contribuyen al tema general, ofreciendo una comprensión más integral. También puede resaltar cómo los primeros cristianos podrían haber entendido y aplicado estos temas en su propio contexto.

El uso de la Septuaginta en entornos litúrgicos también puede ser beneficioso para la participación de la comunidad. La incorporación de lecturas de la Septuaginta en los servicios de adoración, reuniones de oración o momentos devocionales puede exponer a la comunidad a su rica herencia lingüística y teológica. Estas lecturas pueden ir acompañadas de breves explicaciones o reflexiones que resalten su significado y fomenten una contemplación más profunda. Al integrar la Septuaginta en varios aspectos del culto comunitario, los participantes pueden desarrollar una mayor apreciación de su papel en la historia de la interpretación bíblica.

Los beneficios de integrar los estudios de la Septuaginta en el estudio bíblico personal y comunitario son numerosos. Primero, amplía el alcance de la comprensión bíblica al brindar acceso a un texto fundamental que dio forma al pensamiento y la práctica de los primeros cristianos. En segundo lugar, mejora la conciencia lingüística y contextual, permitiendo a los lectores interactuar con la Biblia en sus idiomas y entornos culturales originales. En tercer lugar, fomenta una apreciación más profunda de la diversidad y riqueza de la tradición bíblica, fomentando un enfoque de interpretación más matizado e informado.

La integración de los estudios de la Septuaginta en el estudio bíblico personal y comunitario implica un enfoque multifacético que incluye comprensión histórica, exploración lingüística y análisis temático. Al comparar la Septuaginta con la Biblia hebrea, utilizar recursos académicos e incorporarlos al culto comunitario, los individuos y las comunidades pueden desbloquear nuevas dimensiones del significado bíblico. Este proceso no sólo enriquece la fe personal sino que también fortalece la experiencia colectiva de estudiar y vivir las Escrituras. A través de la lente de la Septuaginta, los lectores pueden obtener una apreciación más profunda y holística del mensaje perdurable de la Biblia y su relevancia para hoy.

CONCLUSIÓN

La Septuaginta y el Nuevo Testamento griego siguen siendo profundamente relevantes hoy en día y sirven como herramientas indispensables para cualquiera que busque comprender la Biblia más profundamente. La Septuaginta, una traducción griega de las Escrituras hebreas, fue la versión del Antiguo Testamento más comúnmente utilizada durante la época de Jesús y la Iglesia primitiva. Desempeñó un papel crucial en la configuración de la teología y la liturgia cristianas primitivas. El Nuevo Testamento griego, escrito en el idioma común del Mediterráneo oriental, sigue siendo un texto fundamental para los cristianos de todo el mundo. Juntos, estos textos ofrecen ricas ideas sobre los contextos culturales, históricos y teológicos de la Biblia.

La importancia de la Septuaginta radica en su papel como puente entre la Biblia hebrea y la Iglesia cristiana primitiva. Proporciona una perspectiva única sobre cómo las comunidades judías del mundo helenístico entendían sus Escrituras. Esta traducción a menudo refleja opciones interpretativas que resaltan temas teológicos particulares, que pueden diferir del texto hebreo. Al estudiar la Septuaginta, los lectores pueden obtener una apreciación más profunda de la diversidad dentro de la tradición bíblica y comprender cómo los primeros cristianos leyeron e interpretaron el Antiguo Testamento. Esta comprensión es esencial para comprender todo el alcance de la teología bíblica.

El Nuevo Testamento griego es igualmente importante, ya que es el idioma original de los escritos del Nuevo Testamento. Leer el Nuevo Testamento en griego permite una comprensión más matizada de sus mensajes. Las traducciones, aunque valiosas, inevitablemente implican interpretación. El estudio del texto griego ayuda a descubrir las sutilezas y complejidades del idioma original, revelando capas de significado que podrían perderse en la traducción. También conecta a los lectores con el mundo de los primeros cristianos, que escribían y se comunicaban en este idioma.

Una de las razones clave de la continua relevancia de estos textos es su influencia en la teología y la práctica cristianas. La Septuaginta dio forma a la teología de los primeros Padres de la Iglesia, quienes a menudo la citaron e interpretaron en sus escritos. Sus debates teológicos y desarrollos doctrinales con frecuencia se basaban en las interpretaciones de los pasajes del Antiguo Testamento que hacía la Septuaginta. De manera similar, el Nuevo Testamento griego fue fundamental para la formación de la doctrina, la liturgia y la ética cristianas. Comprender estos textos fundamentales enriquece nuestra comprensión de la historia y la teología cristianas.

Además de su importancia histórica y teológica, la Septuaginta y el Nuevo Testamento griego son valiosos para el crecimiento espiritual personal. Ofrecen nuevas perspectivas sobre escrituras familiares, animando a los lectores a pensar crítica y reflexivamente sobre su fe. Interactuar con estos textos puede profundizar el viaje espiritual al proporcionar nuevos conocimientos y fomentar una conexión más profunda con la narrativa bíblica. Este compromiso más profundo puede inspirar un mayor aprecio por la riqueza y diversidad de la tradición bíblica.

Para quienes estudian la Biblia, continuar explorando la Septuaginta y el Nuevo Testamento griego puede ser inmensamente gratificante. Estos textos proporcionan una gran cantidad de material para la investigación académica, la reflexión teológica y el estudio personal. Desafían a los lectores a ir más allá de la comprensión superficial y profundizar en las complejidades de los lenguajes y contextos bíblicos. Este estudio más profundo puede conducir a interpretaciones más informadas y matizadas de las Escrituras, mejorando tanto la fe personal como el culto comunitario.

Fomentar el estudio continuo de estos textos es esencial para mantener una fe cristiana vibrante e informada. Al invertir tiempo y esfuerzo en comprender la Septuaginta y el Nuevo Testamento griego, las personas pueden desbloquear nuevas dimensiones del significado bíblico. Este estudio fomenta un sentido de continuidad con la Iglesia primitiva y ayuda a los creyentes a apreciar los fundamentos históricos y teológicos de su fe. También los prepara para participar más eficazmente en los debates teológicos y los estudios bíblicos contemporáneos.

Para los lectores jóvenes, la aventura de estudiar estos textos antiguos puede resultar especialmente apasionante. Explorar la Septuaginta y el Nuevo Testamento griego es como embarcarse en un viaje a través de la historia, el idioma y la teología. Abre un mundo de descubrimiento, donde cada verso ofrece el potencial para nuevas ideas y una comprensión más profunda. Este viaje no sólo enriquece el conocimiento sino que también alimenta un amor permanente por la Biblia y sus enseñanzas.

La Septuaginta y el Nuevo Testamento griego mantienen una relevancia duradera para los estudios bíblicos contemporáneos y la vida cristiana. Proporcionan claves vitales para comprender los contextos histórico y teológico de la Biblia, enriquecen la fe personal y comunitaria y ofrecen infinitas oportunidades de descubrimiento y crecimiento. Al continuar estudiando estos textos, los lectores pueden profundizar su compromiso con la Biblia, fortalecer sus fundamentos teológicos y cultivar una vida espiritual más rica e informada. Este estudio en curso es un viaje que vale la pena emprender, y promete una conexión más profunda con las verdades perdurables de la fe cristiana.